奥克兰山的晨练
2004 年莱德杯比赛期间

# 《高尔夫文摘》教你来打高尔夫

［美］罗恩·卡斯普里斯克
《高尔夫文摘》编辑团队 著

周芷盈　冯卓远 译

著名的高尔夫教练大卫·利百特密切观察着三届大满贯得主厄尼·艾尔斯。

本作品英文版由宇宙出版社—里佐利国际出版社分部出版

摄影：斯蒂芬·苏尔拉杰，杜姆·福罗瑞，J.D. 库班和出自《高尔夫文摘》档案室。
所有摄影作品归《高尔夫文摘》出版社所有。
文本：罗恩 卡斯普瑞斯克
书籍设计：奥普图设计室

中文版译者

周芷盈　美国佛罗里达州 Gary Gilchrist 高尔夫学院，大学效力于 NCAA DI 威廉与玛丽学院校队，四年校队主力。校队大一新生赛季平均杆数历史记录保持者。
冯卓远　美国 IMG Academy（IMG 学院）高尔夫专项，2022 年安大略省 CISAA（Conference of Independent Schools Athletic Association）最低杆数。

布奇·哈蒙帮助他的明星学生尼克·沃特尼调整一号木的挥杆动作。

Pro V1

前言

# 大卫·利百特

我很荣幸地和《高尔夫文摘》打了近二十年的交道。当我回顾过往，这本杂志出版的教学材料之多总令我咂舌不止。想想看，从 1950 年开始，《高尔夫文摘》孜孜不倦地出版了数量惊人的材料来满足饥渴的高球爱好者巨大的阅读需求。我的切身体验是《高尔夫文摘》的订阅者们无疑是充满激情地投入到这项运动中的。他们对这项运动的激情经常可以在几分钟内从绝对的兴奋沦为绝对的沮丧。我常想，这些读者们是否需要每月进行一次心理修复，来维持他们的希望——他们离生涯中最好的一轮表现只差一点神奇的技巧。也许这就是这本杂志成功的原因。

但是，之后我意识到不仅仅是《高尔夫文摘》所提供的信息，还有提供信息的这些人让读者回归以获取更多。杂志列举出来的教学贡献者——世界上最优秀的球手和老师，他们不止令人印象深刻，他们是无与伦比的。《高尔夫文摘》这些年来在这项运动的方方面面发挥的极致影响力都得力于杂志的球手编辑和教授专家。它的最大贡献就是用一种清晰、简洁和独创的方式呈现了高尔夫球的教学。它一直是世界范围内书面教材的标杆，展示学习该项运动的新方法，提供关于如何挥动球杆的深度文章和讨论，并且向不同水平的球手提供成千上万个窍门。《高尔夫文摘》向数百万人提供了无数充满乐趣和信息量的美好阅读时光。

这本书也是一脉相承。它收录了为这本杂志增光添彩的最优秀的球手和教练的教学指导。它可能是迄今为止最佳的窍门合集——尽管，“窍门”这个词并不贴切，因为这本书包含了深入细致的指导。

不像你之前可能读过的教材，这本书里的窍门是以一种不仅符合逻辑并且是站在学习的角度让高尔夫球手最得益的方式来编排的。推杆指导被安排在最前面，接下来是短击，然后是铁杆杆法，球道使用的木杆和铁木杆，最后是一号木。这儿要传递的信息是高尔夫运动必须从果岭往球台方向开始练习和学习，而不是相反的方向。恰恰是在果岭而不是在其他的地方，更多的球可以被打进去，所以在担心你挥杆多远才能击中你的球前，学习推杆和短打技巧不是很合理的吗？遵循这一逻辑进一步深入，接下来的一章被分成两部分：练习技巧和打球策略。教练们希望你在走路之前学会爬

行，在跑之前学会走。如果你遵从这个原则，这会给你最好的机会来改善你的球技。

大卫·利百特正在和他的明星学员米歇尔·魏展开讨论

我们这项伟大游戏的部分迷人之处就在于它的探索和试错方面：试用一根新的推杆或一号木；探究一个新的挥杆要点；在九洞打完后尝一瓶不同的啤酒——不惜一切代价发挥我们的最佳水平。作为高尔夫球界伟大的偶像之一，卡拉威高尔夫公司已故的创始人伊利·卡拉威曾经对我说："大卫，你跟我做的都是同样的生意——我们都向高尔夫玩家售卖希望。"通过这本书，我们大家都可以生活在希望里。愿您阅读愉快。

引言

# 鲍勃·卡尼，《高尔夫文摘》

有人说："学习高尔夫球就像学拉小提琴：做起来并不难，但是你周围的人都很痛苦。"

本书的使命就是为了让这个过程尽可能地少一些痛苦，不仅仅是为你的朋友和家庭，尤其是为你自己。

不再赘言，这就是秘密："反向"学习高尔夫——也就是说，从果岭往发球台方向学习；从短杆到长杆；从地面到空中。

不管是刚刚接触高尔夫的人，还是那些正在努力克服挥杆动作中固有的小毛病的人，大多数高尔夫玩家在接触这项运动时侧重相反的方向。他们始于全挥杆，也经常终于全挥杆。你是否观察过练习场里的初学者呢？只练一号木，没有其他。勇气可嘉，不过可能徒劳无功。以这样的方式学习高尔夫球就好比在你的第一次小提琴课上尝试演奏帕格尼尼的第13号随想曲。正如鲍比·琼斯所说，如果学习高尔夫球的秘密是把三杆变成两杆，那么把练习短杆放在第一优先的位置是至关重要的，数字胜于雄辩：如果你打出了90杆，这是一个不赖的成绩，短杆球占了一半以上——46杆——这是彼得·桑德斯的"一杆一杆来"，一家分析过185，000轮业余选手的比赛的公司得出的数据。

这个短杆优先的方法也可以缓解初学者的焦虑，他们发现最难掌握的是球杆的使用。最令大多数业余爱好者痛苦的事情是什么？把球打起来。如果你首先掌握了离地面近的球，击出高球将不会是这么大的障碍，而是水到渠成。

你会注意到这种进程还会让你从球包中最短的球杆用到最长的球杆（除非你正好使用一根长推杆）。为啥？因为——如果你仔细想一想，这里面没啥秘密——球杆越短，越好控制。所以你学习高尔夫球为啥要从掌握最难的球杆开始呢？你不会这么做的。

这个方法不仅仅适用于初学者。它也是成绩卓然的高尔夫球手练习的方式，是单差点球手甚至是巡回赛职业球手回归比赛状态时遵循的步骤。前美国职业高尔夫球协会巡回赛之星、广受大家喜爱的全国广播公司现场评论员罗杰·马尔特说高尔夫球的秘密在于"距离，距离，距离"。马尔特说的不是你能把球打多远，而是你能把球打到离你的目标有多近。"我不厌其烦地强调，"他说，"搞清楚什么是40码击球，搞清楚什么是20码击球，搞清楚什么是60码击球。把这些搞清楚。"

那么你该如何做到这一点呢？通过先练习最容易控制的小幅度击球，逐渐过渡到更具挑战性的击球。

刚刚过去的这个夏天，我儿子马修的一个朋友和我们一起度假。一个下午，我们去了一个练习场，在那里男孩们花了一个多小时的时间在练习果岭旁切球。埃里克，他以前从未打过高尔夫球，在那段时间里，用6号铁杆切进了8颗球。而他做到了这一点是因为他正在击打一个相当容易控制的球，并且除了让球进洞，他别无他求。男孩们的练习过程让我想起来《高尔夫文摘》竞技编辑菲尔·米克尔森说的一些话："我的父亲给了我一生中最好的建议，那就是要玩得开心。那就是为什么当我练习的时候，我总是很开心并享受其中。"米克尔森的特长是什么？短杆。

好的，现在我已经以短杆为例进行了阐述，让我向你保证，这本书所涉及的东西远不止这些。事实上，有好几个章节专门讲解全挥杆。但是牢牢掌握短距离击球将会让那些远距离击球变得更容易。这是许多优秀的教练培养学生的方式：从果岭的课程开始，然后逐步进展到练习场的部分。不幸地是，大部分指导用书都不是以这种方式来编排的，这是《高尔夫文摘》推出这本书的原因。

《〈高尔夫文摘〉教你来打高尔夫》充分利用了由优秀的教练和巡回赛球员组成的豪华阵容，他们每月都会向《高尔夫文摘》贡献他们的秘诀。这些教练有排名第一的布奇·哈蒙，还有大卫·利百特、汉克·哈尼和吉姆·麦克莱恩。还有一些运动心理学家，比如鲍勃·罗特拉博士和焦·瓦利安特博士，他们培养出了许多巡回赛冠军。事实上，你会在每一章中都找到心理方面的建议，此外还有练习方法和比赛策略。还有像菲尔·米克尔森、瑞奇·福勒、卢克·唐纳德、杰克·尼克劳斯、汤姆·沃森、阿诺德·帕尔默和大卫·汤姆斯这样的巡回赛职业选手，他们会向你展示出色的挥杆是什么样的。

你会爱上这本书的。我们对此深信不疑。这就是学习高尔夫的正确方法。这是一种循序渐进学习高尔夫的方法，从易到难逐步提升，奠定成功之基。这就是我要告诉你们的永远不要忘记的、帮助你们减少杆数的关键击球方法。（并且，不，我们不介意你跳读本书）。

# 推杆

首先，也是最重要的一点，你需要知道关于推杆的是，没有一种固定的推杆方式。成功来自于太多不同的方法，甚至都列举不完。不像这项运动的其他一些方面，我们如何推杆似乎更多地源于右脑而不是左脑。我们指的是大脑中艺术性、有创造力的那一面，而不是逻辑性、分析性的那一面。一些高尔夫球手使用长推杆。有的球手握着推杆就像他们拿着画笔一样。甚至已故的伟大的山姆·斯尼德在他的推杆生涯中也有一段时间是身体面向目标，而不是传统的垂直站立的方法。

话虽这么说，你应该知道，尽管存在所有这些不同的推杆方法，一些基本原理实际上都是相同的，无论是谁在推杆或是如何推杆。例如，没有几个出色的推杆者会在击球时会移动他们的头部。大多数最优秀的推杆者通常会将球杆轻轻握在手里。而且如果推杆杆面在击球时与它的路径不垂直，那么你几乎不可能成为一个好的推杆者。

我们想要说的是，当你阅读接下来的章节并汲取实践窍门和比赛策略时，请记住这些建议是适合大部分的推杆者（球员）和各种推杆风格的非常基础的信息。但会有例外情况，所以如果有什么对你不起作用，就试试其他适合你的窍门。

前页：

**赛事回放：**
卢克·唐纳德在2011年美国大师赛决赛轮期间，在奥古斯塔国家高尔夫俱乐部的第16洞成功推入了一个长距离的小鸟球。

右图：

布莱恩·盖伊的挥杆过程

**40%** 无论你的打球水平如何，推杆通常占你每轮击球总次数的40%。

- 一个典型的职业选手平均每轮29次推杆，而一个差点指数为20的选手平均每轮大约37次推杆。
- 将你的练习重点放在让长距离的推杆（30英尺以外）把球推到离球洞的三英尺范围内。
- 巡回赛职业选手在10英尺以内的推杆成功率为85%。业余选手为40%。

注 1英尺=30.48厘米

基础

## 如何握推杆

斯坦·厄特利

如果你在推杆中不担心其他任何事情，锁定这两个基本要素，你马上就会得到提升。首先，确保推杆握把与你的右前臂在一条直线上，而不是悬在其下方。这有助于推杆在正确的挥杆平面上轻松摆动。其次，放置你的双手，让握把沿着你手掌的生命线延伸，并且主要用指尖握住把手。如果你要掷一枚一分硬币，你不会把它放在张开的手掌中；你会用指尖握住它，来感觉它。这就是你在推杆时想要达到的效果。

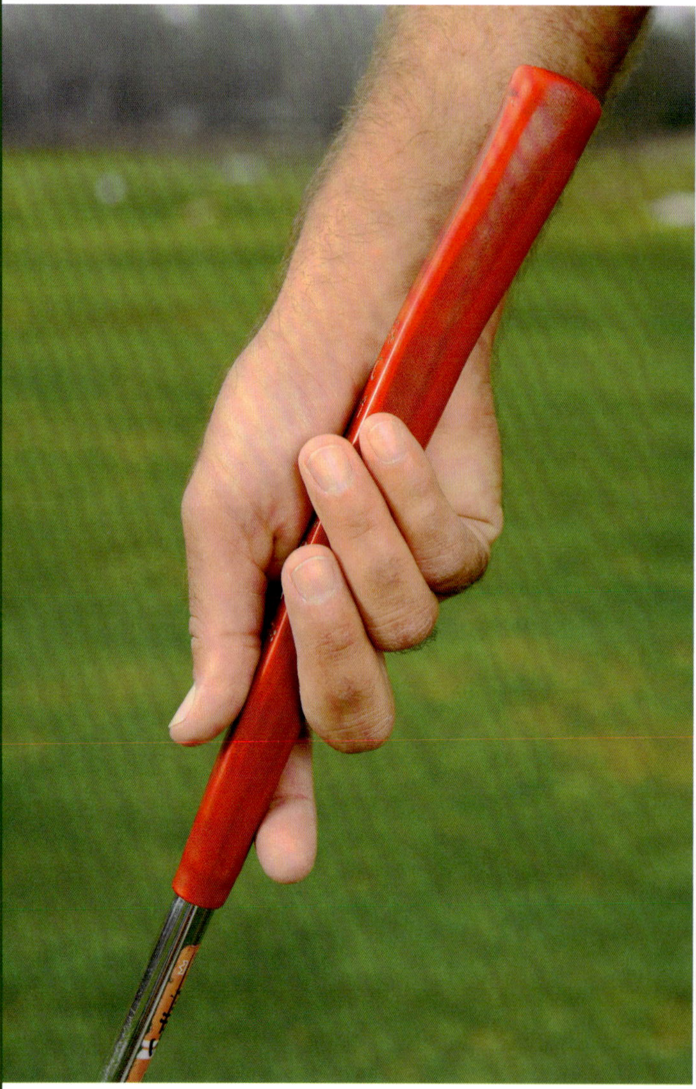

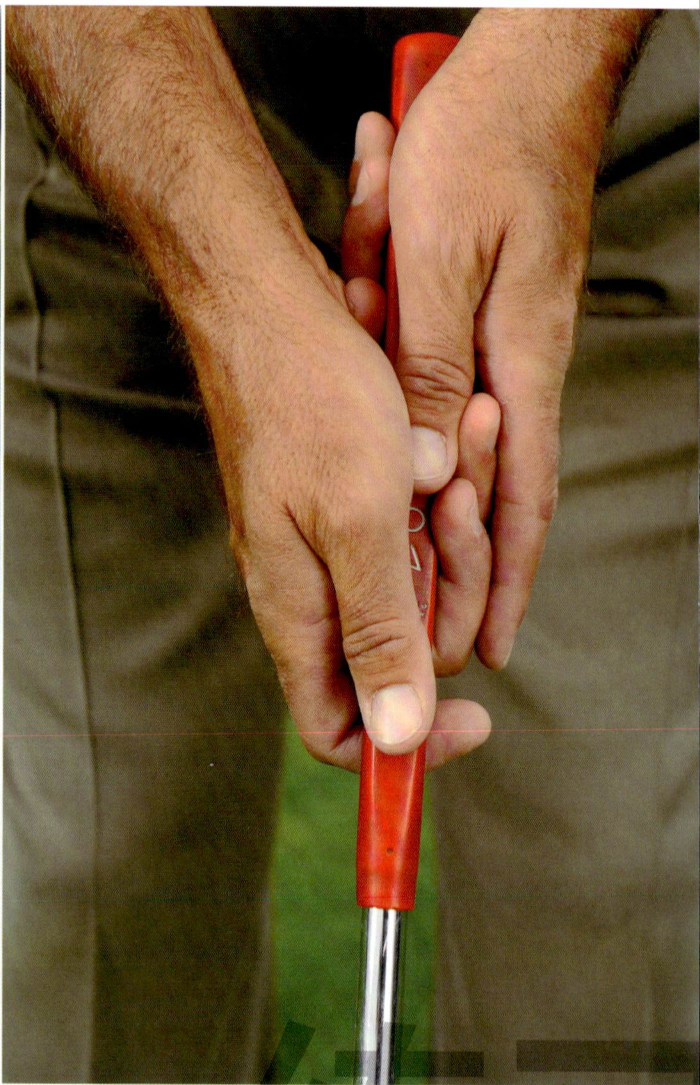

基础

## 让左手带动推杆动作
戴夫·斯托克顿

如果你试图只用右手来做篮球罚球，你会意识到你需要左手作为引导。在果岭上也是同样的道理：左手是控制方向的手，它和右手一样重要。练习只用左手推杆，或者让别人在目标线上拿着一支球杆放在你的双手前。用手背而不是手指去抵住握把，如下图大卫·斯托克顿所做的那样。

窍门

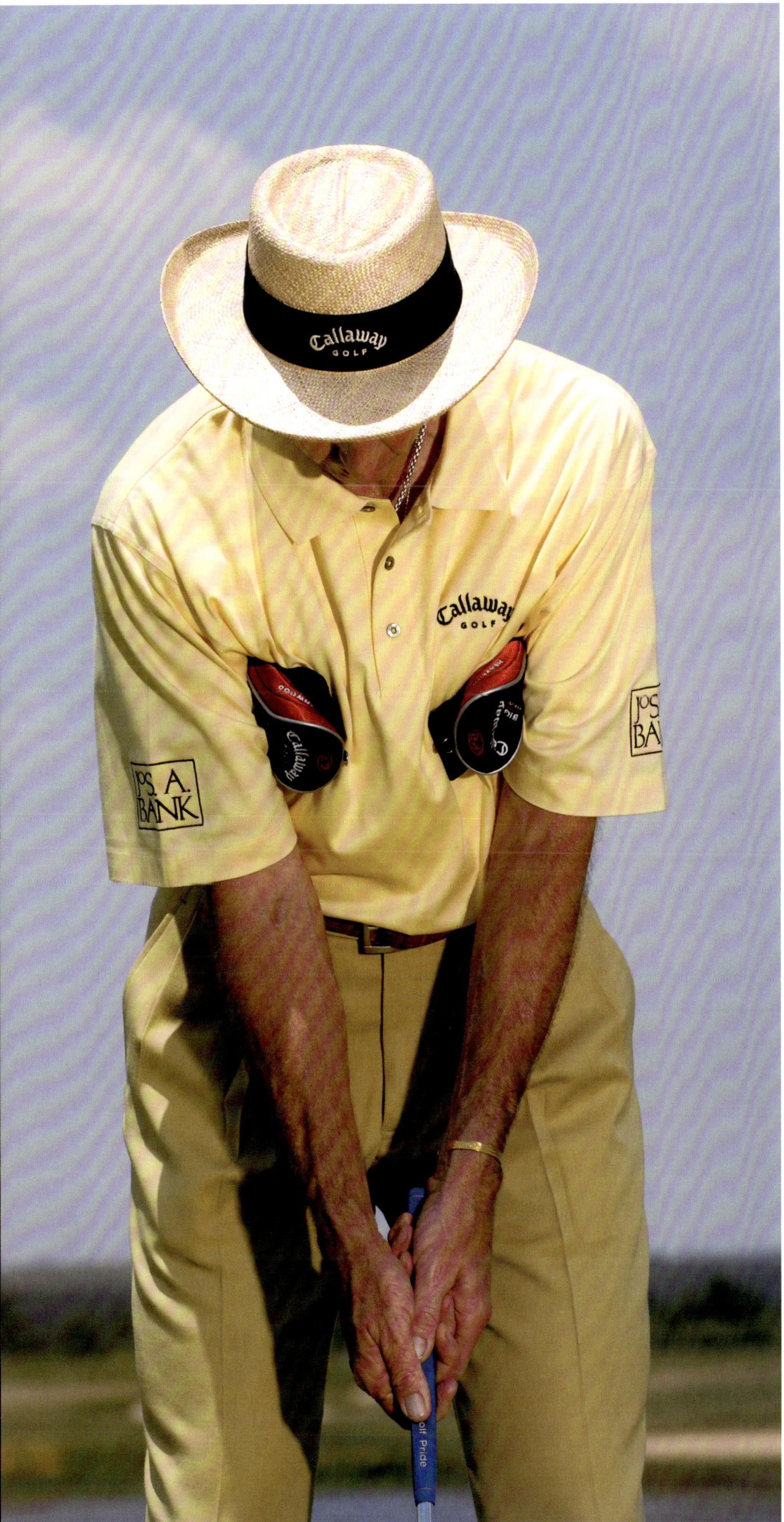


基础

## 手肘内收以更好地让球滚动

大卫 · 利百特

至少 75% 的高尔夫球手在全挥杆时会打出右曲球，而且我想说大概四分之三的人在推杆时也会出现偏右的情况。那些从推杆线外侧切球到内侧的人将永远无法持续稳定地推球，也无法正确判断球的滚动。为了让球沿着正确的线路滚动，要学会用胸部、肩膀、双手和手臂的结合来控制推杆。以手掌相对的方式握住推杆，并且让你的手肘紧紧贴靠在你的肋骨处。做一个小幅度的推杆动作，要感觉到你的手臂和双手保持相连，并且在你的肩膀上下摇摆时处于你的胸部前方。

我从来都不是那种有固定准备动作的人，但我从来不会在自己没准备好之前去推球。我想要确保我对这个球有良好的感觉，我的握杆很轻，而且我是用我的右手来控制推杆。并且我想要在脑海中想象出正确的线路。那就是我会采用我那不寻常的蹲姿的原因。我的左眼是主眼，所以用一种开放的站姿俯身是我能看到线路的唯一方式。

**杰克·尼克劳斯**

基础

## 沿着弧线推杆

里克·史密斯

当我在帮助人们的推杆时，我希望他们的手自然地放置在球杆上，与他们手臂下垂的方向相对应。你是从指尖获得感觉，而不是从手掌，所以在我的握杆当中，我的手甚至有些部位都没有接触到球杆。上图展示的那种握杆方式会限制你自然地挥动你的手臂和球杆。跟大多数人双手下垂的方式有关，左手是较弱的，而右手是较强的。你将会与你的身体结构相悖而行。你的双手需要保持自然和松弛。

基础

## 像职业选手一样释放

汉克·哈尼

在果岭推杆环节，关于如何释放杆头的问题你听到的可能不多。我把它看作是几乎每一个优秀的推杆者都会做的事情。当然，马克·欧米拉和泰格·伍兹就是这样做的两位。观察当推杆头挥动击球时，他们的左手腕是如何没有僵硬感的。他们当然不是在击球瞬间松垮下来，但是当推杆朝着球洞移动时，他们左手腕的背面会产生明确的角度。

这就是我想在我的学生们身上看到的：在击球瞬间，推杆头摆动超过双手。在推杆动作中没有僵硬的迹象。推杆头能够自然地通过球完成推杆。一直以来都有一些看起来“用手腕”的伟大推杆选手。比利·加斯波尔就是那样的。鲍比·洛克也是如此。然而，他们的共同点并不是用手腕。他们只是都让推杆在击球瞬间自然释放。

心理提示

优秀的推杆选手从不出于恐惧而推杆。他们并不担心他们的第二推离球洞有多远。他们专注于推好第一杆。如果你发现自己在担心出现三推，那么你需要调整你的心态。优秀的推杆选手，比如美国职业高尔夫巡回赛的布拉德·法克森，推杆时很自如，并且不害怕失误。他们明白他们只能控制自己的想法和行动。

鲍勃·罗特拉博士

进阶

## 用你的左耳推杆

布奇·哈蒙

过早抬头是高尔夫球手短距离推杆不进洞的主要原因。当你看向洞时，你的头会移动，这通常会导致推杆面打开或关闭——只是稍微一动，但这就是所导致的后果。对于短距离推杆来说，没有太多容错的空间：如果你让球从一开始就偏离了路线，你的推杆就失败了。你要专注于两点。首先，精确瞄准推杆面。在你判断完果岭的坡度后，通过只看起始线，将每一次推杆都当作是直推。其次，保持你的眼睛向下看，直到你用左耳听到球掉入球洞的声音。你将会让你的头部保持完全的静止。

击球准备动作

当你准备好击球时，想象地上有一个盒子。你的脚趾应该触碰盒子一侧的两个角。球应该在相反的一侧，靠近左侧角落。这个想象将帮助你让你的站位与你的目标线形成一致，同时将球放置在你左眼下方的恰当位置（对于左撇子球员是右眼）。

保罗·鲁尼恩

进阶

## 保持头部的稳定

布莱恩·盖伊

我倾向于不让球大力地推进洞。我喜欢让球缓缓滚入洞中，特别是在距离较远的时候。因为这种好的距离控制，我通常可以无压力确保两推进洞。

一个提升控制的很棒的方法是进行推杆练习，然后在你抬头看之前，看看你是否能判断出它们相对于目标行进了多远。顺便说一下，当你进行推杆练习时应该摘下手套以提升触感。

# 菲尔·米克尔森的推杆 VS 你的推杆

彼得·桑德斯

你推杆入洞的距离在多少英尺能达到 50% 的概率?

找到最接近你的差点，然后在下面看看在什么距离，你应该有 50% 的概率推杆入洞?

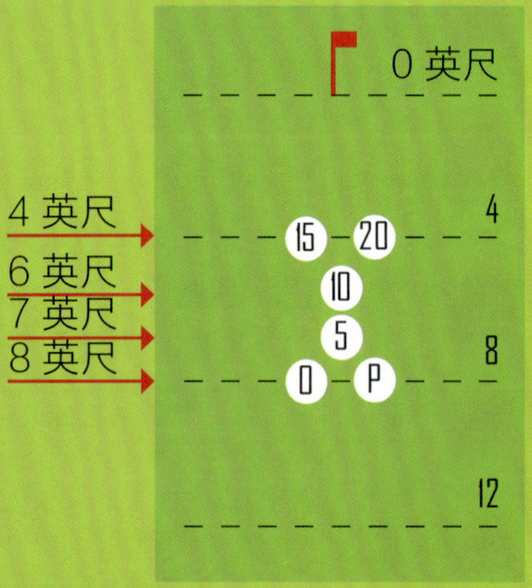


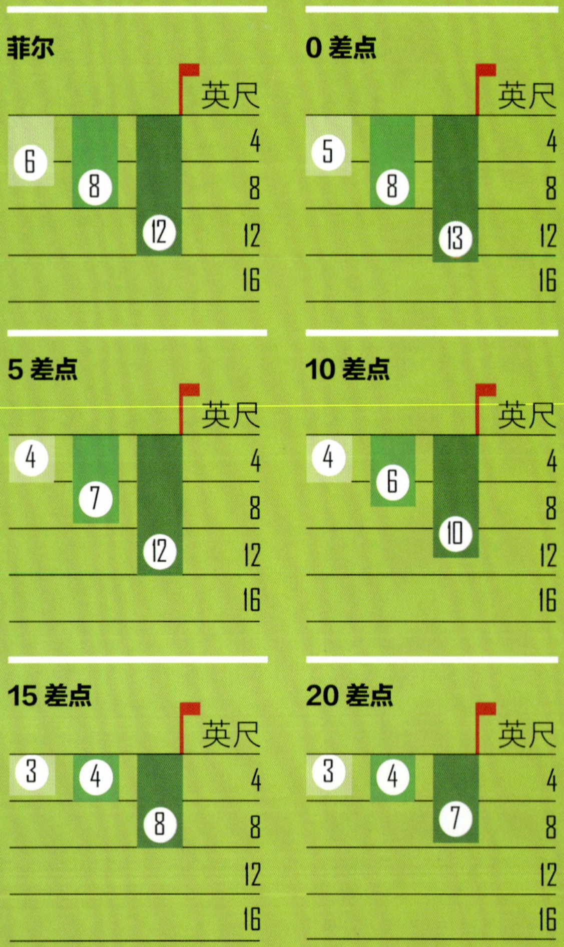

进阶

## 终极练习方法

托德 · 安德森

在练习果岭找一个有一些坡度变化的区域，然后像我这样在球洞周围放置 12 个球座。这些球座应该放置在距离球洞三英尺、四英尺和五英尺处。现在，从每个三英尺标记的球座推一次球，然后重复这个循环三次（共推 12 次）。然后，移动到四英尺处并进行两个循环（8 次推杆）。以五英尺处的练习结束。你将体验到上坡推杆、下坡推杆和侧坡推杆的感觉。在整个练习过程中保持你的握杆压力一致，并保持一个“一、二”的节奏节拍。同时在整个过程中也要始终让你的推杆握把端指向你的左侧。遵循这些要点，你就会避免常见的推杆错误。

进阶

## 学习如何推进关键球

洛雷娜·奥乔亚

在我打高尔夫的时候，比赛关键在于打出小鸟球，这意味着要把球推进洞。今年我在推杆方面下了很大功夫，在家里和我的教练拉斐尔·阿拉尔孔一起练习。如果你想要成功推进关键球，就从这些训练开始：

1. 为了在整个击球过程中让推杆保持在路径上，你应该保持头部静止不动。拉斐尔在我摆双臂带动推杆自然来回摆动时固定我的头部。一旦我完成了击球，我会看着球原来所在的位置数两下。

2. 在我瞄准好位置后，拉斐尔用他的手挡住我看球的视线。通过这样来鼓励我去真正感受我手臂的动作：它们移动得越慢，我的推杆就越稳定一致。此外，这是一项学习距离控制的很好的练习。你可以自己通过在你开始击球之前闭上眼睛来做到这一点。

3. 这个练习有助于在推球过程中让我的下半身保持在原位。我采取我正常的站势，然后在我的双膝之间夹一个橡胶球。我稍微挤压一下球以使其固定，并创建一个稳定的基础。以这种方式推杆帮助我培养一种稳定性，这对稳定的推球来说至关重要。

心理提示

大胆推杆并不冒险。在推杆中最重要的事情是让球进入球洞。或者我应该说，滚过球洞。在我巅峰时期，如果我没有推进一个球，你可以打赌它会滚过球洞。当你持续推球过短的时候，你就将自己暴露于风险之中，因为你已经失去了推杆的主动权。在你意识到这一点之前，这会逐渐侵蚀你在果岭上的信心。你必须给球一个进洞的机会，每一次推杆都要这样。

阿诺德·帕尔默

进阶

## 短距离推杆
## 思考 25-T5
菲尔 · 米克尔森

对于短距离推杆，你必须在通过球时加速赋予一个流畅、准确的滚动。试着让你的上杆比下杆更短。推杆动作应该分解为 25% 的上杆和 75% 的下杆，不过这会根据推杆的长度而略有不同。

至于要获得一个准确的滚动，要避免向下击球或在推杆向上时触到球。你要保持杆头水平移动，击球时的杆身角度与瞄准时的角度相同。

挥杆思考

我对于最理想的推杆方式的构想是，手臂和球杆的摆动完全像一个钟摆，以非常平稳、非常均匀的节奏，并且在每个阶段球杆面都与击球路径保持垂直。当我推杆时，我经常想象一个钟摆动作，这有助于我完全依靠手臂来推球，而不借助弯曲手腕或手部。我的手臂实际上是以我的肩膀为支点转动。

## 鲍勃·查尔斯

我一直都是一个很好的长距离推杆球员。我几乎从不三推。原因是什么呢？即使是短距离推杆，我也试图让球落入洞中，而不是大力撞入球洞。这样成功的概率会更大，因为以较慢速度滚动的推杆更好地覆盖到球洞。而且如果球没有进，它也会处于离洞很近的范围内，而不是变成一个可怕的需要回推的球。我感觉我的右手在让球滚向球洞，然后球就恰好掉进球洞里。

本·克伦肖

心理技巧

## 关于推杆的不同思考

罗恩·卡斯普里斯克

如果你正在为距离控制而苦恼，或者在你的推球中有点你认为可能会发展成完全型易普症的“小阻碍”，你可能想要尝试一些激进但却有效的方法。当你推杆时，不要看球，而是看向你的目标。显然，这需要一些时间去适应，所以先在练习果岭上尝试一下。如果你相信自己能够扎实地推中球而无需低头看球，这种推杆方法可能会极其有效，因为它会让你忘掉推杆动作，转而帮助你专注于你的目标。你实际上是朝着你的目标推动推杆头。听起来很奇怪吗？这样来看这件事情：你见过篮球运动员在他们罚球时看着球吗？他们只是看着他们的目标——篮筐。尝试一下，看看这样是否能让你身体本身的手眼协调能力发挥作用。

进阶

## 以正确的速度推杆

克里斯蒂 · 科尔

推杆是我在这项运动中最喜欢的部分，并且你也应该学着去爱上它。学会爱上推杆的最佳方式是变得擅长控制速度。如果你总是能接近球洞，推杆就会变得有趣。我做的许多练习都是与节奏相关的。我在这里把一根球杆放在球洞后 1 英尺半的地方。我的目标是，如果我没推进，要让球滚到球杆那里，且不能碰到它。那样会留下一个很容易的回推的机会。据我所知当球经过球洞 1 英尺时，它有最大的进洞机会。

基础

## 阅读果岭的最佳方式

汉克·哈尼

每次我打球时，我都会看到业余高尔夫球手凝视着他们在果岭上预期的路线，就好像草地上写着神秘的符号一样。别误会我：研究坡度是推杆的一个重要部分，但以牺牲距离为代价而过度专注于它是一个错误。

你推球的力度决定了你需要多大线。只考虑坡度而不考虑距离来阅读会导致失误。如果你在一个 20 英尺的推杆上完美地解读了线路，但推地太用力或太轻，那么在下一次推杆时你可能会留下一个四或五英尺的推杆。但是把力道掌握了，你即使对坡度的阅读偏差了 1 英尺，仍然可以有机会用一个容易的推杆来完成进洞。

下次你打球时，在处理中距离和长距离推杆时，更多地思考球洞后面的一条线，而不是坡度。这在推杆中是更重要的线，我把它想象成在球洞后面 1 英尺半的位置，就像一个小篮板。尝试一下。如果你没有做到，你也会有一个轻推击球入洞的机会。

挥杆思考

确保你不会推短的一种方法是想象在真实球洞后面大约 1 英尺处有一个虚构的球洞。如果你没有推进这个球，让它滚过洞 1 英尺比推短 1 英尺未进洞要好得多。

南希·洛佩兹

# 打球策略



打球策略

## 如何阅读果岭

吉姆·麦凯

第一视觉往往是最好的视觉。自 1992 年以来我一直为菲尔·米克尔森当球童，期间也目睹了一些了不起的高尔夫球精彩时刻，但 2009 年美国大师赛周日的前九洞是我所见过的最令人兴奋的前九洞。菲尔很早就进入状态了，在第二洞、第三洞和第五洞打出小鸟球，然后在第六洞将球击到离洞三英尺处。我们在那个三英尺的推杆上拖了很长时间，因为我们有着相反的判断，这种情况很罕见。菲尔认为这应该瞄左洞线推杆，而我认为这是右洞线。当我继续研究这个球时，我开始变得困惑了。这就是对一个推杆研究太久的问题所在：你最终会看到一些实际上并不存在的东西。幸运的是，我突然清醒过来，并坚持了我最初的判断。菲尔将推杆直直地击入球洞正中心，以保持他的火热的状态。当谈到阅读果岭时，老球手们所说的是正确的：你的第一直觉是最好的。所以要相信它。

也要用你的脚去判断。为了对菲尔的一次推杆有一个完美的判断，我站在球旁，就好像我要去击打它一样。我不仅用我的眼睛，而且还用我的脚获得了对坡度的感觉。当我向下看着球时，我可以立刻分辨出它是比我的脚高还是低了几分之一英寸。然后我将那个它与我从其他视角所看到的信息一起考虑进去。不要低估你的感官意识：尽管这看起来可能很神奇，但几乎每个人都会从准备站位视角获得一些你无法仅通过用眼睛观察果岭而收集到的信息。

基础

## 对 50 英尺推杆的一些建议

布奇 · 哈蒙

当大多数高尔夫球手面对一个非常长的推杆时，他们变得如此专注于用力推球，以至于他们急于上杆并做出一个短而急促的动作。其结果是击球质量不佳，推出距离过短的球。

对于那些 40 英尺和 50 英尺的长距离推杆，你应该做完全相反的事情：做一个更长、更慢的推球动作。你必须给推杆头时间在下杆时产生动力，这始于做一个更长的上杆。将推杆头向后摆动到你的双手后面，让你的手腕对球杆的重量做出反应。你的左手腕（对于使用传统握杆的右手球员来说）开始处于弯曲的位置，但在上杆时应该变平。

在下杆时，你不应该去想着增加速度。通过在上挥杆时让你的左手腕变平，你已经创造了一个小的弯曲：通过用你的右手推球并让你的右手腕在下杆过程中变平来利用这个弯曲。让推杆面自然地旋转关闭。许多高尔夫球手试图保持杆面端正，但它实际上会关闭的。记住，距离控制是你在长距离推杆时的重点。为了获得正确的距离，做一个长而缓慢的推球动作——并且不要害怕会有一点手腕动作。

挥杆思考

当我的双手、我的击球动作以及球离开杆面的方式有一种柔和感时，我推杆表现最佳。我把杆面想象成极其柔软的，几乎就像一段绳子那么有弹性，这意味着我能让杆头真正摆动的唯一方法就是非常轻柔、平稳且缓慢地击球。如果那个柔软的形象不起作用，我会在我的脑海中用一个易碎的玻璃杆身来取代它，如果我在击球时哪怕有一点点粗暴，它就会破碎。

杰克 · 尼克劳斯

Titleist
Titleist
FOOTJOY

Ford

基础

## 如何让长推接近洞

里克 · 史密斯

业余选手在长距离推杆上最大的问题之一就是控制推球动作。他们常常做出一个大而笨拙的动作，这可能会导致手腕失控。他们要么推得很糟糕，要么推杆面会关闭，然后他们就会把球推扣。或者有时这两种情况都会发生。

相反，要保持你的上摆杆和送杆幅度相同，并且在击球时加一些力量。保持你上面那只手的手背平坦，并用你的手臂和肩膀来推动推球动作。你会惊讶于你能让球滚动多远。你希望有受控的加速，让推杆在击球瞬间移动速度达到最快（见照片）。一个小幅度的击球动作也会减少你的失误的幅度，并有助于让杆面与你的目标保持一致。

差点

## 如何判断一个人是否故意谎报差点

迪恩 · 克努斯

打出比你的球场差点还低的杆数的概率是 1/5。打出比你的球场差点低三杆的杆数的概率是 1/20。打出比你的球场差点低八杆的杆数的概率是 1/1138。

基础

## 如何处理有转折的推杆

安妮卡·索伦斯坦

戴夫·斯托克顿教我将长距离推杆分成三个部分：第一部分是出球前段，转折很小；第二部分是球到达其转折顶点的地方；第三部分是球滚动最慢因而转折最大的时候。我在比如说超过 30 英尺的推杆时会使用这个想象。

在此，我从推球路线上较低一侧的中间点来估量速度。我已经从球的后方判断出了总的转折。如果我能体会到在这一点上球应该以多快的速度滚动，我就会对整体节奏有很好的把握。从这个位置做“空挥杆”有助于我形成自己的感觉。

最后，我走到球后面，站在与我的起始线垂直的位置做一个试挥杆。顺着这条线看下去有助于我设想出球的速度。不要犯常见的错误，即过于专注线路而忽略了速度。我想象有一个球处在顶点位置，然后我试着以合适的速度推出那个球。

扎实击球

我觉得一个手腕稳定的推杆动作，手臂像钟摆一样摆动，要比主要依靠手腕的动作更稳定一致。我试着前后挥动我的推杆末端，以便借助我的手臂来完成推杆动作。我试着在所有击球中让我的左手和左手臂向前加速，这样我的右手就不会主导并使杆头向上抬或偏离击球路线。

李·特维诺

进阶

## 当你必须推进洞时，要注意你的双手

汤姆·沃森

几年前当我的短距离推杆变得糟糕时（这个问题现在仍时不时困扰着我），我的球童布鲁斯·爱德华兹给了我一个与众不同的建议。如果你在那些棘手的3英尺推杆上没有进足够多的球，就试试这个方法。布鲁斯建议我在推杆上杆时看着我的双手而不是看着球。

通过这样做，你会更专注于做出一个顺畅的推球动作，并且你不会被球束缚住，而试图引导它进入球洞。在你将其运用到球场上之前先练习这个。

当我还是个孩子的时候，我爸爸让我做一个有趣的短距离推杆练习。我把它叫做“围着时钟推杆”。在3英尺远的一个洞周围摆上大约12个球。要确保这个区域有一定的坡度，这样你就会面对各种可能的推杆情况：下坡、上坡、从右到左、从左到右。在球场上，球洞周围的果岭应该相对平坦，但通常情况并非如此。

进阶

## 如何推进关键球

汉克 · 哈尼

合理利用优秀技术的唯一方法是能够准确地阅读果岭并正确地瞄准推杆。然后，你才能让球沿着正确的路线滚动。

在将注意力集中到你的推杆之前，观察整个果岭。想象在果岭上倾倒一大桶水。水会流向何方？由此将会告诉你很多关于你的球的走向信息。另一个窍门是找出与你的球距离最近的直线推杆。你离直线推杆越远，你的推杆就会有越多的转折。一般而言，你应该算上比你想象中更多的推杆弧度；大多数没进的球都停在了球洞的低侧。速度甚至比线路更重要：试着让球滚动，使它能正好停在洞里。当球缓慢滚动时，球更容易进洞。

进阶

## 观察最后几英尺

迪恩 · 赖因穆特

对于长距离的推杆，甚至是 15 到 20 英尺距离的推杆，走到球洞处并判断最后 3 英尺。这是大部分转折会出现的地方，因为当球速变慢时，坡度和草纹对球的影响最大。记住，球在整个推杆过程中不会以相同的速度滚动，所以需要考虑当它开始减速时它将如何滚动。然后，在你整体的阅读中要考虑到这种额外的转折。

击球

以下是一些关于打出扎实击球的更多技巧。

1. 用手指轻轻地握住推杆。

2. 推球时保持头部稳定

3. 将球放在你的左眼下方，靠近你的左脚脚跟处。

4. 让你的双臂自然下垂。

5. 在整个推球过程中保持相同的节奏。

6. 确保你的推杆头在推球时与你的目标线呈一致的方向。

比利 · 加斯波尔

进阶

## 在推杆果岭上保持下盘稳定

乔什 · 赞德

所有优秀的推杆选手在推球过程中都会保持下半身和头部不动。尽管我发现保持头部不动很容易，但我的下半身有时会有点摇晃，导致我推球偏离路线。此时我会这么想象：假装我的双腿长出了树根。这能让我的下半身保持良好且静止的状态，这样我就可以将推杆往后移动并沿着我预期的路径完成推杆动作。

进阶

## 在快的果岭上可以把杆身向后倾斜

吉姆·弗利克

前美国大师赛冠军扎克·约翰逊曾经在伊利诺伊州西尔维斯的约翰迪尔精英赛上与我的业余学生菲利普·弗朗西斯一起打了一轮练习赛。（作为大一新生，菲利普曾在赢得美国大学生体育协会冠军的加州大学洛杉矶分校队效力。）我注意到球从扎克的推杆上弹出来时是多么轻柔。而且，当然了，扎克推杆时的准备姿势是双手在球后面，这是相当不寻常的。

扎克告诉我，在非常快的果岭上，比如说一个很滑的下坡球或者当果岭速度极快时，他会夸大这手部位置。他保持杆身向后倾斜并且缓慢移动推杆。这会给推杆面增加倾斜度，并使球带有多一点的后旋。结果是：一个更柔和、更受控制的滚动。

进阶

## 在下坡推杆时让球缓缓滚入

杰森·戴

当你在判断下坡推杆的速度时，你希望球在接近球洞时能缓缓滚动。如果你没推进，你不希望它滚到离球洞超过一英尺远的地方。推不进洞从来都不是好事情，但要看到好的一面：你得到一个上坡的回推。

进阶

## 短推击球入洞

杰夫 · 里特

为了让你在三到四英尺的距离进行第二次推球入洞，更具果断性的动作要比典型的轻柔、谨慎的推球动作更好。通过这个左脚练习来学习像个破坏球一样去击打它。

采取你平常的推杆姿势，然后用左脚向前迈步，并将其放置在球原本所在的位置。做一个短促的上杆动作，用力地击一下你的脚。你会摆动杆头并用一个方正的杆面去击打。

进阶

## 如何掌握两层推杆

斯图尔特 · 辛克

如果你要处理一个带有二坡的推杆，距离的控制很重要。你必须在脑海里把斜坡拉平。把果岭想象成一张在中间皱起来的纸：如果你把它拉紧，它就会变得更长。这个推杆可能看起来像是 20 英尺，但如果你把山坡弄平，它就是一个 22 英尺的推杆。要考虑到额外的长度。

进阶

## 如何从果岭外推杆

尼克 · 普莱斯

如果球底下的草很少，通常当你在凹槽区或果岭边缘时就是这种情况，我建议使用 3 号木杆或铁木杆，采用推杆击球的方式，而不是切球或劈起球。后面那些击球方式对业余爱好者来说太冒险了。3 号木杆会让球先弹起，但随后像推杆一样滚动。像握推杆那样握住球杆，不过要往下握到金属部分，以弥补较长的杆身。

装备

# 让杆身的位置决定你的推杆路径

贾森·古斯

无论你更喜欢锤头式推杆还是像本页展示的那种传统形（一字）推杆，你的推杆路径并不一定需要改变。然而，如果你更喜欢直线向后、直线向前的路径，而不是弧形路径，那么一支中轴推杆可能会对你有帮助。为什么呢？当杆身在推杆的中心位置，而不是靠近杆头根部时，推杆面在击球过程中打开或关闭的幅度就会减小。如果你沿着一条直线推杆，你根本就不希望杆面有任何打开或关闭。

菲尔·米克尔森在第一个加洞赛中推入一只小鸟球，击败厄尼·艾尔斯，赢得了 2004 年美国大师赛。

进阶

## 先上坡，再下坡？将其分成两杆。

汤姆 · 沃森

一个先上坡再下坡的推杆是最困难的。关键在于良好的速度控制。试着将这种推杆分成两部分：一个缓慢的上坡推杆，接着是一个快速的下坡推杆。选择一个刚好在坡顶上方的点，并确保你将球推到那个点或刚刚超过它。如果你第一部分推杆打得足够用力，那么这个坡将会自然处理好推杆的第二部分。记住要先阅读下坡部分，因为在果岭的快速部分球的转折会更大。

锻炼窍门

# 通过臀桥动作避免下背部灼烧感

马克·韦斯特根

站在练习果岭上足够长时间，你可能就会在你的下背部感觉到一种灼烧感。为了避免这种类型的肌肉疲劳（这种情况也可能在比赛后期当你试图进行关键推杆时发生），将臀桥加入到你的锻炼中。它能强化臀部的肌肉，还有大腿后侧肌肉以及下背部。

仰卧，双臂向两侧伸展，膝盖弯曲，脚趾离地。收紧臀部肌肉并向上挺髋，直到你的身体从肩膀到膝盖成一条直线。

# 切球

SK telecom

切球是指在果岭附近的任何短距离击球，在这种情况下会使用一支高角度的球杆，使球短暂地弹到空中，但相对离地面较近，然后让球滚动直至尽可能靠近球洞停下来。如果你想了解出色的切球对于得分有多重要，在职业高尔夫球手协会巡回赛上那些最顶尖的球员平均每轮能以标准杆打上 12 个或 13 个果岭。这意味着，当他们没能标准杆上果岭时，他们很可能将球切到离球洞足够近的地方，以使得后续的推杆（被称为“救球成功”）每一轮至少有五到六次。所以你可以想象切球对于普通业余爱好者来说有多重要，他们一场球中只能以标准打上五六个果岭。

好的切球能够成为真正的平衡器，特别是对于那些没有足够挥杆速度来与那些大炮手竞争的高尔夫球员来说。正如那句老套的高尔夫格言所说：“重要的不是方式，而是数量。”换句话说，不论你是通过标准杆上果岭然后两推打出平标准杆，还是通过一次出色的切球加上一个短推杆打出平标准杆，这真的有很大关系吗？

尽管在切球技术和球杆选择上存在一些差异，但大多数人都赞同，一个有效的切球源自于将你的重心保持在你的前腿上，并用一个向下的击打动作击球。继续读下去，听听专家们怎么说。

前页：

**精妙一击**

崔京周在在赢得 2011 年球员锦标赛的过程中，成功地完成了一次艰难的上坡切球。

右图：

菲尔·米克尔森挥杆顺序图示

**90%** 巡回赛职业选手在距离果岭 10 英尺以内保住标准杆的概率超过 90%。

- 对于业余选手来说，低飞的滚动切球比高抛的“急停”切球停在球洞 5 英尺范围内的可能性要高 58%。
- 一位差点值为 20 的业余选手在切球距离时，每 10 次有 2 次能成功完成上果岭并推球进洞。而一位零差点选手每 10 次有 5 次能做到。
- 在距离果岭 10 英尺以内，一般巡回赛职业选手切球能切到距离球洞大约 3 英尺的地方。

# 切球

介绍

基础

## 如何切球

托德 · 安德森

因为切球挥杆幅度非常短，所以要将你的双手和球杆放置在你希望它们在击球瞬间所处的位置。

1. 使用一支短铁杆或挖起杆，将球置于中心靠后的位置，然后打开你的站位，使得你的下半身预先朝着目标方向。将更多的重量放在前脚上，并且让杆身向前倾斜，这样你的左手腕就是平的。

2. 用你的手臂和肩膀启动上杆，当你做一个小的向后转动时，感觉到你手臂的上半部分靠在你的胸口上。记住，杆头要保持在你的双手下方。

3. 不要让你的右肘仅仅去到你身后；那意味着你只是用你的手臂来挥动球杆。用下半身开始下挥杆，你的右膝朝目标方向推动。在击球瞬间，你要让球杆回到那个前倾的位置，使杆身与你的左臂成一条直线。继续转动你的身体完成动作，并检查在结束时你的左手腕仍然是平的。

# 练习窍门

挥杆思考

有时词语听起来就像它们所描述的东西。一个很好的例子就是"扫帚"。任何使用过它的人都知道当你清扫时它会发出"唰"的声音。我觉得在你切球的时候,"唰"是一个很好的可以去思考的声音。球杆头应该刷过草地,让击球在其行进过程中发出"唰"的声音。切球可没有什么慵懒或马虎之处。它是迅速且坚定的。它会发出"唰"的声音。所以让你的切击球发出"唰"声吧。你甚至可以想象你正在挥动一把扫帚。

阿诺德·帕尔默

基础

## 站位：构建一个稳定的左侧

### 葆拉 · 克里默

当我切球时，在我握杆之前，我会把左手放在左大腿上。这样告诉自己，我的体重在左侧，并且我的重心稍微处于球的前方，这是达成干净击球的两个关键要点。如果在击球瞬间你的体重在球的后面，你就无法扎实地击球；球杆会向上挥向球，而不是在下挥杆时向下击到球。如果我以稳固的左侧来进行站位准备，我的击球就会好得多。

基础

## 保持左手腕稳定以实现扎实的触球

大卫 · 利百特

切球，特别是从较远距离进行切球时，需要很好的手感。你需要一些手腕动作来控制击球的距离、倒旋和飞行高度。不幸的是，许多高尔夫球手过度使用他们的手腕。左手腕在击球瞬间弯曲，导致他们击球时要么打薄要么打深。

你的目标应该是在挥杆过程中让你的左手腕保持相对稳定，这有助于你干脆利落地向下击球，并使杆面与目标保持一致。通过采用推杆式握杆来切球会更容易保持左手腕稳定，这是常见的瓦登（或重叠式）握杆的一种。只需将连接双手的小指和食指反转，这样你的左手食指就会位于右手手指的外侧（这被称为反向重叠握法）。这样你就能保持左手腕稳定。

其他一切对于切球来说都是标准的——稍微开放的站位、球的位置远在中心靠后的位置、在上杆过程中手腕有一点弯曲等等。但是握法的改变会使左手腕稳定下来，从而获得更可控制的触球。

基础

## 切球时感受手的运动

迪恩 · 赖因穆特

有效地进行切球，尤其是在草很短的球位情况下，这是一项你可以掌握的技能，如果你专注于球杆的握把端——而不是杆头。感受当你扎实地切球时你的双手在做什么。你的右手腕应该保持弯曲，或者向后弯曲，在整个挥杆过程中，握把要带着杆头走。为了帮助形成这种关键的姿势，练习仅用右手挥杆，让一个球夹在你的手腕和握把之间。

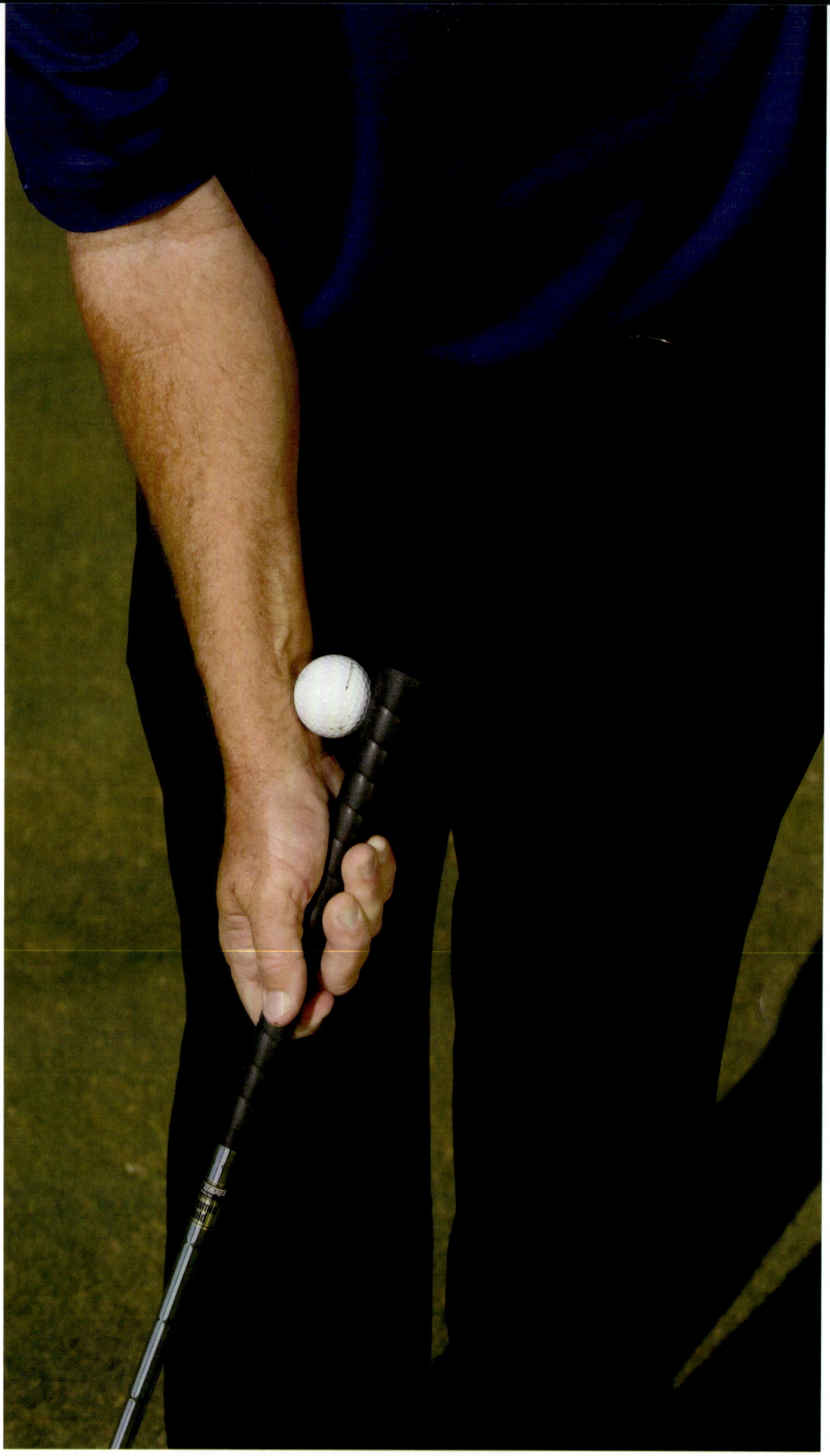

你离果岭越近，你让球产生大量后旋的机会就越小。然而，为了获得你所能获得的所有旋转，你必须以比平常更陡峭的角度下杆，并且要在挖起杆触地之前先击到球。但真正的关键是要击到球后持续挥杆，杆头的加速对于获得良好的后旋至关重要。练习收杆直至动作完全结束以提升你的加速。

比利·加斯波尔

基础

### 用反手击球来改善切球感觉

斯坦·厄特利

对于普通球员来说，很难抗拒在切球时试图将球挑起的冲动，或者保持杆面打开以产生高抛的冲动。想象一下你左手中有一个乒乓球拍。球拍的拍面就代表着球杆的杆面。不要去捞球或保持杆面打开，而是想象乒乓球拍的拍面转向球，就像一个上旋反手击球——这是一个扎实切球的秘诀。

装备

# 根据具体的切球球位来挑选恰当的挖起杆

迈克 · 斯塔胡拉

当你的球处于长草区时，你会想要用一个具有相当大反弹角（挖起杆后边缘的凸起部分）的挖起杆来切球，这样你就可以让你的球杆在草丛中滑过而不会被草缠住。当你的球在很短的草上位置时，你会想用一个反弹角小的挖起杆或短铁杆来切球，这样你就能提高扎实击球的机会。

基础

## 防止手腕翻转的练习

里克 · 史密斯

要恰当地击出这一球，挥杆必须相对长，手腕要保持稳定，然后当身体朝目标转动时手臂向下挥动。磨炼这项技术可能需要花费一些时间，尤其是要对抗那种用带手腕动作的挥杆向上捞球的本能，但这种训练会有助于加快学习进程。

握住铁杆杆身的中间附近，使握把处向上并刚好在你前脚的外侧。当你将球杆向后挥动时，稍微弯曲你的手腕，这样杆身的握把处就不会碰到你的身体侧面。现在通过将你的身体朝目标转动开始下杆，同时保持手腕的弯曲。目标是避免在挥杆过程中球杆的杆尾碰到你的身体。如果球杆打到了你的身体，要么是你让你的手腕失去了弯曲度，要么是你没能完成身体的转动。

你可以用各种各样的东西来尝试这个练习，包括一根台球杆或一个扫帚柄。这是我所知的学会如何打好短击球的最快途径。

挥杆思考

在快果岭上切球的基本原理是在杆头向下挥动的时候击球。这会给让你最大程度地控制击球，并制造出后旋，将球滚得太远的概率最小化。为了达成这种向下的动作，把球放置在你站位的靠后位置，在你打中球之前保持你的双手在杆头之前，并像推球时那样让球杆加速击球。

一个很好的视觉辅助方法是去想象如果你把球低抛到果岭上，球会怎样滚动。一旦你在脑海中呈现出那个低抛球的画面，就把那种动作转化到你如何切球上。对切球的判断很快就会变得容易起来。

杰基 · 伯克

进阶

## 做一个 X 来打出干脆利落的切球

罗布 · 阿金斯

在打切球时，大多数业余选手都被告知在准备击球时要朝目标倾斜，并在击球过程中保持那个姿势。目标是先触球，但这个动作会让球杆角度变太小。另外，球杆的前缘很容易陷进草皮里。不妨考虑在挥杆时让你的脊柱朝着目标的反方向倾斜。

看，我正处于击球瞬间的姿势。黄色的杆子突出显示了球杆杆身（朝着目标倾斜），而橙色的杆子指示出我的脊柱位置（朝着目标反方向倾斜）。注意到这两根杆是如何汇聚并形成一个 X 形的吗？下次你切球的时候，形成你自己的 X 形。这能让杆头的后边缘——也就是反弹角的特性——沿着草皮滑行，以实现干净利落的击球而不会被卡住。反弹角就等于容错性。

进阶

## 保持你的曲腕动作

菲尔·米克尔森

我还是个孩子的时候就在自家后院通过不断地练习学会了切球。我用一支球杆——S挖起杆来切球，当到了要把球切低的时候，我很少费心去车库拿我的8号或9号铁杆。我仅仅是学会了用我的S挖起杆把球打低，而我发现的这个技术至今都对我有帮助。

首先，将球放置在你站位的靠后位置，接近你后脚脚尖。在击球准备时，使杆面朝向目标，并且将你的双手放在球前，与前腿对齐。这样做将减小你挖起杆的杆面角度。上杆包括一个简单的曲腕动作，手臂的动作非常小。在下杆时，让你的双手加速通过直至完成挥杆，确保你不要松开你的手腕。球将会低飞而出，当它击中果岭时会有一点停顿，然后朝着球洞滚动。

心理游戏

优秀的切球手所持的态度是，球最终会落在离球洞足够近的地方，他们能够将其推进。糟糕的切球手则是抱着他们“希望”球最终能落在离球洞足够近的地方，以便他们能够打进的态度。理解这其中的差异吗？

**山姆·斯尼德**

## 用不同的球杆切球以获得更好的控制
洛雷娜·奥乔亚

在职业业余配对赛中与我一起打球的大多数业余选手都有一支他们在果岭周围所有击球时都喜欢用的球杆，而且通常是一支有大角度的杆，比如劈起杆或S挖起杆。当球位比较好且果岭的设计需要一个高抛球、能快速停住时，这种做法效果很好，但对于所有果岭周边的切球和劈起球而言，这远非理想状态。打好短杆的关键是用不同的球杆切球，并选择最适合每个情形的击球方式。

在我成长过程中，我的教练拉斐尔·阿拉尔孔让我用包里的每一支铁杆练习切球。在同一个位置，我可能先用我的S挖起杆打三杆，然后再分别用我的9号铁、7号铁和5号铁各打三杆。这教会了我极大的创造力，并且给予了我根据自己的需要改变击球方式的信心。现在，对于我所面临的每一次切球或劈起球，我都有各种各样可靠的选择。

装备

## 留意差异

罗恩 · 卡斯普里斯克

当购买挖起杆时，要考虑到它们在果岭周围的表现。它们容易切吗？它们能让球产生足够的后旋以在短距离切杆时停球吗？一旦你找到了一支你喜欢的挖起杆，就围绕它来构建你其余的短铁杆组。最重要的是要考虑你的劈起杆、G 挖起杆和 S 挖起杆之间杆面角度的差异。专家建议这些球杆之间要有四度的差异。例如，如果你的劈起杆有 45 度或 46 度的杆面角度，你的下一支挖起杆应该在大约 50 度或 51 度。这很重要，因为标准的球杆组通常是从 45 度的劈起杆到 56 度的挖起杆。这意味着在你经常用于攻果岭击球的两支全挥杆球杆之间可能有 30 码的差距。

以下是一个你的挖起杆组的杆面倾角示例：

| | |
|---|---|
| 劈起杆 | 46 度 |
| G 挖起杆 | 50 度 |
| 挖起杆 | 54 度 |
| S 挖起杆 | 58 度 |

进阶

## 学会让你的挖起杆更精准

塞尔吉奥 · 加西亚

我发现，在切球和劈起球时，我可以通过越接近球洞时逐渐向下握杆来增强我的感觉。这是我在观看塞夫 · 巴列斯特罗斯打球时学到的东西。但要记住，你握杆越向下，你就应该离球站得越近。在 30 码处，我在一支挖起杆上向下握几英寸，然后让我的双手自然地从肩膀垂下。在 20 码处，我握得再往下一点并且站得稍近一点。在 10 码处，我的准备姿势非常紧凑，握得还要更往下（几乎到金属部分）并且离球非常近。

准备姿势

在切球时，让你的双手保持在球杆头前方，以便它能以贴近地面的低轨迹通过并在触地之前先打到高尔夫球。绝不要试图干净利落地把球挑起来。要向下击打送杆。事实上，许多出色的切球手在准备击球时会稍微把杆面扣住一点，以确保球杆在碰到地面之前先击到球。

加里 · 普莱耶

进阶

## 转动你的身体以达成更好地切球

汉克 · 哈尼

信不信由你，实际上当你切球时，可能会有点过于专注。很多球员会如此执着于球以达成干净的击球，以至于他们没有让手臂伸展并在击球时转动身体。

若你的手臂松懈，身体也停止转动，那你挥杆的最低点就会处于球的后方。这就是切厚和切薄出现的原因。去感受在击球过程中的延伸以及身体的转动，并且把你的头部和眼睛转到你预期球落点的位置。那样会有助于你把挥杆的最低点向前推动到它需要处在的位置。

你选择用于切球的球杆取决于你必须要打的那种切球类型。我喜欢那种在地面滚动时间最长和空中飞行时间最短的理念。对于就在推杆果岭旁的近距离击球，使用挖起杆。而对于有 30 码且有大片果岭可供滚动的击球，可以试试 7 号或 8 号铁杆。

基础

## 在果岭周围的切球选择正确的球杆

### 布奇 · 哈蒙

你的球位怎么样? 在深草区的话，有时候你所能做的只是尽力用挖起杆把球打到果岭上的任何一处。如果你在球道上，那你就有多种选择了。挖起杆可能仍然是最佳选择，但通常你并不需要那么大的杆面角度。只要有机会，就打出一记切滚球，甚至可以用木杆来切球。而且如果地面干燥且平坦，那就直接推杆。

你的果岭区域有多大? 要始终尽量让球落在果岭上，因为这样球的弹跳会更容易预测。如果你有的果岭面积很大，那就选用杆面角度较小的球杆并让球滚动过去。低飞球更安全，因为你使用了较短的挥杆，但要确保你不会不经意地把麻烦引入到击球中——比如果岭上方的深草区或水域。

球会如何弹跳? 要看两个因素: 果岭的硬度和坡度。如果果岭很坚硬，强烈的弹跳可能会让挖起杆打出类似 8 号铁杆的效果。而在松软的果岭上情况可能正好相反。同样的思路也适用于将球打到上坡或下坡处，在那里球要么很快停住要么弹走。试着在脑海中描绘出那第一次弹跳，并将其纳入到你的球杆选择中。

# 打球策略



打球策略

## 快速解决切球困境的一些办法

罗恩 · 卡斯普里斯克

正确的切球动作对许多业余球员来说似乎有悖常理，尤其是要领会到如此短的击球却需要这样一个长且加速的挥杆。如果你正在为打出好的切球而苦苦挣扎，这里有一些事情可以尝试。

1. 在你挥杆时，看着你的目标而非球。只要你有信心能击中球，这会有助于你让杆头加速朝着目标送球。

2. 看着你的双手而非球。正确的切球动作需要双手在球杆击球之前超过球。通过注视你的双手，你能够在击球后保持球杆适当的前倾姿态。

3. 将你所有的体重从后脚上移开。抬起它，使得你仅靠大脚趾来保持平衡。通过不让体重压在后脚上，有助于确保对球有一个向下的击球角度，也有助于防止那种手腕为主的、向上捞起的击球动作，这种动作会导致不良的击球效果。

4. 如果其他所有办法都不奏效，那就试试切球专用杆。有很多专门设计来帮助改进切球动作的球杆。只要确保你买的那个是经过美国高尔夫球协会（USGA）认可的就行。

基础

## 切球还是推杆？在果岭边你应该怎么做？

汤姆 · 沃森

1977 年在特恩贝里举行的英国公开赛，杰克 · 尼克劳斯和我在最后两轮正面交锋，那是一段美好的回忆。最后一天，当我在三杆洞的 15 号洞错过左边果岭时，杰克领先一杆。我的 4 号铁停在了离果岭 12 英尺远的一个小凸起上，离球洞有 60 英尺。我的球位是下坡的，带有从左到右的转向。我应该用切杆还是推杆呢？

如果球与果岭之间的草和果岭上的草相似，那几乎总是推杆更好。你能有更好地距离控制。果岭周围的草会长得很快。通过切球来越过击球初期的一些转折，我可能会在方向控制上更好一些，但我想要专注在距离上。我选择了推杆，然后成功完成了长距离的小鸟推杆，与杰克打平，最终以一杆优势获胜。（他的成绩是 65 杆 -66 杆，而我是 65 杆 -65 杆。）

基础

## 长距离切球？让球早些滚动

大卫 · 汤姆斯

当我只顾及果岭时，我不需要让球飞得很远。我越早让球像推杆那样滚动起来，我就可以越准确。我会用任何不超过 5 号铁的球杆来切球。因为我喜欢球的第一次弹跳是在果岭上，所以我会挑选能将球打过果岭环的最长的球杆。如图，我正使用 7 号铁让球沿着斜坡向上滚；如果这一杆是下坡的，我会用 9 号铁并让它落在相同的位置。

这里的技巧是一种紧凑的、一个平面的动作，极小幅度的曲腕。我从一个开放的站姿开始，这使得我的身体预先朝向目标，并且把更多的重量放在前脚上。我保持短的上杆，并且加速送球。

基础

## 想象你的切球落点和滚动

### 吉姆·弗利克

我们都曾听闻和读到过关于全挥杆击球时的可视化想象，但是你也应该在你的短切球上，甚至是果岭周边的切球上，练习这种技巧。

首先，检查球位来确定你能够打出的切球。基于球位去想象球的轨迹和滚动距离。然后，选择能打出那种弹道所需的球杆和挥杆动作。我觉得确定如果我这一杆没有进洞的话，能留给自己最容易的推杆情况是很有用的（比如说，在这张照片里，在球洞左边两英尺且超出球洞的位置）。那样会给我一个轻微从右向左、上坡的推杆。我在脑海中想象我的切球需要在哪里落地、弹跳以及滚动出去，从而能给我带来那样的推杆机会。然后，我进行一些相对应的试挥杆。

遵循这个程序——先检查球位，然后从球洞反向进行想象——这样你就能更频繁地成功处理那些棘手的切球上坡和下坡情况了。

基础

## 在长草区的球要像打沙坑球那样去打，以确保杆头的加速

史蒂夫 · 史崔克

就如同切劈起球一样，我在切球的时候手腕不会有太大的动作。所以为了创造出因没有手腕弯曲而损失的杆头速度，从长草区打切球几乎就像球在沙坑中一样（杆面打开，从外向内挥杆）。我觉得这个方法能够帮助那些在这种球上苦苦挣扎的业余爱好者，因为他们由于害怕把球打得太远而减速。加速是一次成功切球的关键。接着，沿着你的脚线挥杆，从球的侧面切过。以双脚与目标呈开放对齐的姿势做好准备，用打开的杆面击球。然后，沿着你的脚线挥杆，切过球。你可以用力挥杆，是因为打开的杆面以及由外向内的路径会制造出一个高且能轻柔落地的球。

进阶

## 如何从侧坡球位切球

汤姆 · 沃森

大多数球员在球高于或低于他们的脚时会遇到麻烦。就侧坡球位来说，球会顺着斜坡的方向滚动，而你必须考虑到这一点。

当球比脚低时，它会弹起并向右滚，所以要瞄偏左边。站立稍微靠近球，将你的重心放在左边且更多地放在脚后跟上。腰部弯曲更多一些，握住球杆的末端，并且更轻松地挥杆以适应更长的弧线。

当球比脚高时，它将会向左偏，所以要瞄偏右边。稍微站得离球远一点，并且将你的重心放在左边但更多地放在脚趾上以保持平衡。球杆握短一些并且挥杆稍微用力一点以弥补较短的挥杆弧线。

上坡

下坡
IDEA
POLO

进阶

## 扫击上坡切球

大卫 · 利百特

在一个有炮台果岭的球场打球时，你会频繁地发现自己要在一个上坡位置进行切球来救帕。但是一个常规的切球动作，就是你曲腕然后做一个陡峭的向下击打，可能会导致击球打厚，结果就是达不到预期距离。简单来说，就是球杆会陷入地面里。

对于这种常见的短杆情况，你需要从斜坡上扫球，而不是击入其中。我建议使用一支杆面角度较小的球杆——上坡会有助于让球飞起来——然后做一个从低到高的挥杆动作。换句话说，上杆应该保持贴近地面较低的位置，但下杆应该沿着斜坡向上移动。

你会打出一个干净的击球，将球从草地上打走。并且当它落在果岭上时，它通常会持续滚动，而不会急停。那是因为这种扫击动作会使球从球杆上离开时带有较少的后旋。

准备姿势

在我爸爸接管开普菲尔谷之前，他是布拉格堡的职业球员。花样击球艺术家保罗·哈恩会到那里去做表演。保罗有一个齐胸高的球座，他会把它插在地上，然后让大家挑战击打球座上的球。那真是很滑稽；他们每次都挥空。我注意到当人们挥杆时，下挥杆过程中的离心力会将杆头拉离他们，所以他们会过度伸展到球所在的位置之外。然后保罗会走上前，在准备击球时完全伸展他的手臂，然后把球打的很远。我把保罗的方法借用到切球上，在准备击球时保持我的手臂伸展，并且让我的球杆头刚好悬在地面上方。从那以后我很少打出厚切球。在切球时要实现扎实的触球可能很困难，而在准备击球时稍微伸展不足一点会有所帮助。

雷蒙德 · 弗洛伊德

后

进阶

## 在下坡球位使用你的推杆

布奇 · 哈蒙

如今果岭速度变得非常快，更多的击球会滚过果岭后沿，靠近长草区。你处在短草区，所以你想推杆，但是长草会造成干扰。

使用你的推杆，但要更多地打出类似切杆的效果。要打这种果岭环上的推杆，采用推杆的准备姿势，然后在握杆之前让你的左臂垂到膝盖处。这会降低你的前肩，促使一个更陡峭的后挥杆，从而避开长草。（如果是一个大头的槌形推杆，这种击球可能不起作用。）如果像我在这里一样是在下坡位，降低肩膀尤其重要。让你的手腕在后挥杆时弯曲，然后向下送球。你会感觉比推杆时有更强烈的挤压。

数据

# 职业巡回赛选手救球成功率有多高?

彼得 · 桑德斯

在 10 码或更短距离内 **85%**

10-20 码之间（平均） **65%**

20-30 码之间（平均） **51%**

30 码以上（平均） **29%**

取自 192 名职业选手在 2010 年美巡赛上的救球数据统计。

装备

找到一个你喜爱的挖起杆。我赢得我的三次美国公开赛、20 个巡回赛赛事以及我在冠军巡回赛上 45 个冠军头衔中的大部分时，仅携带一支 56 度的挖起杆。我会通过在准备击球时打开或关闭杆面来改变杆面角度。现在我携带两支挖起杆——52 度和 58 度——但我使用 58 度挖起杆的效果在某种程度上是有限的。

我认为大多数业余爱好者应该只使用一支挖起杆，并且要对它非常熟悉，以至于他们可以通过握短杆身或者调整杆面位置、球的位置或挥杆长度来调整他们的击球方式。如果你手部动作过多，大角度挖起杆是很难依赖的，因为你往往会用手捞球，要么打得太短，要么打得太薄，球飞到了果岭后。

黑尔·埃尔文

进阶

## 当你必须要救球成功时

### 安妮卡·索伦斯坦

在短距离切球时，将杆面调方正很重要，这样你在挥杆过程中就不必进行补偿。我过去有个习惯，在准备击球时打开杆面，这就需要我在击球通过时翻转杆面来让球沿直线飞行。

倒旋是切球的另一个问题。无论你打出多少倒旋——由于你对球杆和球的选择——你都希望它是可预测的。这来自于稳定的击球。

把球放在中间稍后的位置，将你的重量放在左腿上，然后前后摆动你的肩膀。球应该弹起两次，停顿一下，然后向前滚动。

我也会打开我的站位，将我的左侧让出来，并且预先朝目标稍稍移动，但我总是在站位之前将杆面调至方正。如果你从方正的杆面开始，球杆的自然旋转会在击球时让它回到方正的状态。

打球策略

在好的球位上，球的位置相较于推杆时要稍微偏右一些，并且身体重心应该更多地放在左侧。球位越差，你必须把更多的重量放在左脚上——向左倾斜——并且你必须把球放得更靠后。当你向左倾斜越多，并将球放置在更靠右的位置时，你需要选择具有更大杆面角度的球杆，以达到设定击球高度。

保罗·鲁尼恩

进阶

## 当你处于压力下，如何切出靠近目标的球

厄尼·艾尔斯

在一场比赛中，我根本不会去想挥杆的技术细节。我处于得分模式。但当周日下午压力增大时，紧张情绪肯定会干扰你试图要做的事情，尤其是在果岭周围。当你在一场重要比赛的后期处于那种境地时，不要拘泥于各种挥杆想法中。

握杆力度——而不是技术瑕疵——是当你紧张时最大的因素。你会无意识地更紧地握住球杆，这会使你无法做出流畅的挥杆以及自然的释放动作。保持你的握杆力度较轻，你会惊讶于你的挥杆动作会稳定到何种程度。我专注于较轻的握杆力度，然后按照我喜欢的击球方式去做。例如，我从来都不是一个出色的滚切滚球手，所以在压力下，我通常会选择一个高抛球，哪怕我的前方有较大的果岭面积。

进阶

## 选择一个点来提高你的精确度

维杰 · 辛格

对我来说，切球完全是以落点为主的。首先，我决定我希望球落下的位置。取决于我是希望它减速停下还是向球洞释放滚动，我选择我要落的那个点的击球方式。我大部分的切球都用我的 L 型挖起杆。如果我必须击打更远一点的，比如 30 码的切球，我会使用我的劈起杆。对大多数业余选手来说，它也是一个更安全的切球杆。

进阶

## 如何从果岭边的长草区切球

尼克 · 普莱斯

当你就在果岭旁且球埋在草里时，你正面临着高尔夫中最困难的击球。坚定是关键。你必须在球的下方加速球杆。对于这种球，我使用 56 度的挖起杆。关键是要持续挥杆直到你的双手到达臀部的高度。记住，不要打得太轻。你要确保你的下一次击球用的是推杆。

# 通过倒蹬腿筋拉伸来改善你的站姿

马克·韦斯特根

通过抬起身体以及用手向上捞起的方式错误地助力切球飞向空中的这种动力，往往是因为高尔夫球手难以保持良好的姿势。强壮且灵活的腿筋是至关重要的。仅用左腿站立，同时双臂从身体两侧伸展出去。现在弯曲腰部，俯下身体，并且抬起你的右腿使其在你身后且与地面平行。当你感觉到左腿的腿筋拉伸时，回到起始位置。换腿并重复。

# 劈起球

将劈起球视为“中间人”。它是一种比切球距离更长且高度更高的击球，但又不像全挥杆那样长或那样高。挥杆原理也是一样的。就身体转动、手臂摆动以及球杆加速而言，劈起球无非就是一个距离更长的切球，而全挥杆也无非就是一个距离更长的劈起球。这个概念应该会帮助你学习如何击出高质量的劈起球。

由于大多数劈起球是在距离目标50码以内进行的，你可能会觉得这是很容易靠近球洞的一击，但大多数业余选手都很吃力，因为他们缺乏以正确的劈起球动作重复执行的信心。他们要么在击球时放慢挥杆速度——担心球打得太远，要么他们试图通过在击球瞬间用手腕做出一个向上捞起的动作来帮助球升空——担心正常的挥杆和球杆本身杆面角度不能让球飞起来。

记住，劈起球是更短的全挥杆，但它仍然需要身体转动以及下杆时保持加速。如果你相信这个观点，并且相信挖起杆的设计会以正确的弹道击球，你就能学会这个宝贵的短杆技能。以下是最优秀的教师和球员们对于这个主题的看法。

前页：

**完美的劈起球：**泰格·伍兹在打出一记神奇的劈起球进洞抓到小鸟后进行庆祝。此杆帮助他赢得了2005年美国大师赛。

右图：

大卫·汤姆斯的挥杆过程

**8′1″** 一位巡回赛职业选手从长草区击出30码劈起、球到球洞的平均接近距离

- 一个差点为25的球手在50码以内用劈起球打不上果岭的平均次数是每轮2.5次。
- 在美巡赛上最差的球员从果岭外救平标准杆（被称为救球）的概率是49%。
- 劈起球的关键是加速。职业选手打出劈起球的挥杆速度比业余选手快高达40%。

Cleveland

Cleveland

# 练习窍门

基础

## 通过曲腕与再曲腕来掌握劈起球

卢克 · 唐纳德

对我来说，关于劈起球很重要的一点是让杆头挥动并让这个动作带动我的身体，而不是反过来。我首先将球稍微置于前方，将我的双手置于身体的正前方。我在所有的劈起球中也会让杆面稍微打开一点。然后，我在上杆时曲腕让球杆向上，不是围绕着我的身体，同时杆头指向天空。在下杆时，球杆应该与上杆时手腕的动作呼应，还原后送杆。我想要感觉到它向下挥。球杆的动力拉着我的身体完成动作。

低飞劈起球在任何你迎着强风击球或者必须让球低于树枝等情况时都很有用。首先，采取一个窄且稍微开放的站位。把球向后移动到大约在你右脚内侧一英寸的位置。现在，专注于比以前更多地向内侧挥杆。其次，更大幅度地转动你的肩膀。让你的左肩置于球的后面并且处于下巴下方。这种圆弧的上杆动作将会迫使你在击球过程中更多地转动身体和杆头。但没必要用力击球。你只需要一个短的收杆动作。

**尼克·法尔多**

挥杆思考

## 想象一下打沙坑球的画面，以打出更好的劈起球

罗恩 · 卡斯普里斯克

大多数业余选手打出糟糕的劈起球，是因为他们害怕把球打得太远而减速。但如果你像对待沙坑球那样对待劈起球——打开杆面，在上杆时弯曲手腕，击球于球的后侧并加速送球——你就能把球打到果岭上，而不会让你的恐惧妨碍击球。选择球正后方的一个点，打开杆面，然后打一个没有沙的沙坑球。

基础

## 以左腿为轴进行转身动作

斯坦 · 厄特利

中距离劈起球是普通球员常常需要打的一种球，然而他们常常在这上面感到棘手。你必须判断采取多大的挥杆幅度，同时还要避免在击球瞬间减速。为了更好地感受这种击球，要避免做出大又长距离的手臂挥动。保持身体重心前倾，让球杆顺着惯性随后挥动，然后以左腿为轴转动身体完成击球。保持手臂处于被动状态。你可以通过你转动身体的速度来控制距离。

基础

## 学习长距离果岭边的劈起切滚球技巧

布奇·哈蒙

在球道上击球，且有足够的果岭空间可以利用时，劈起切滚球是最佳的击球选择。没有理由让球一路飞到球洞——即使你在电视上看到职业选手这么做。使用你的9号铁杆或挖起杆，将球置于站位中间稍微靠后的位置，然后将双手和身体重心向前推。清晰地专注于你希望球落地的位置，以便让球滚向球洞。（让球落在果岭上以获得可预测的弹跳是个好主意。）将球杆直直向后挥动大约一半的距离，然后加速击打球的后侧，完成击球时手臂和球杆指向球洞。把这看作是手臂和身体的共同挥杆：转动身体，让手臂和身体一起挥动。克制住在击球瞬间用手助力击球的冲动。

基础

## 通过单手练习来巩固正确的动作

杰夫 · 奥格维

只用右手打挖起杆真的能巩固释放的感觉。从本质上讲，这把我的劈起球变成了小小的全挥杆。我过去常常试图在击球时让杆身大幅前倾，并从低处击球。那种感觉是控制杆头而不是让杆头越过双手去释放。但这样很难保持任何一种稳定性。然后，我决定把劈起球处理得更像一次全挥杆，而只用右手的练习会迫使你像在球道中间用 7 号铁杆击球时那样释放杆头。现在，如果我想打出低弹道的劈起球，我就用挖起杆或者 9 号铁杆。

技巧

短距离的劈起球类似于切球，站姿应该窄一些，膝盖弯曲。你的重心应该倾向于前脚，并且在击球之前双手应始终处于杆头前侧。身体动作应该很小，先击球，做向下的挥杆。然而，因为我希望这一击球飞得高并且快速停住，我会稍微打开站位，这样我的左脚就在目标线后方。这让我能比切球时更多地把球杆往外侧上杆。这也让我能横切过球，赋予球更多的倒旋。我在上杆时会突然屈腕，并在挥杆通过时尽量保持一些手腕的弯曲，以给击球增加高度和倒旋。手腕的弯曲和保持对于这一击球至关重要。在你的站位中，球放得越靠前，它就会飞得越高。

加里 · 普莱耶

TEHAMA

基础

## 如何打出较低的劈起球

里克 · 史密斯

业余选手总是问我，巡回赛职业选手是如何打出那种50码的切球，球飞得很低，在果岭上弹几下，然后稳稳停住的。用很快的杆头速度向下击球是一个关键，但另一个重要的方面是球杆在击球瞬间的运动方式。如果你想打出那种在果岭上能抓地的低飞球，要确保在送杆时你的挖起杆杆头外角指向天空。

从本质上讲，低飞劈起球在球杆通过击球区域时的移动方式上就像一个简化版的全挥杆。通过在击球瞬间试图将杆头趾部向上转动，你正在减少杆面的角度，就像你在球道上好的球位用正常的铁杆击球时应该做的那样。这种击球的动作的一个附带好处是它增加了杆头速度，从而产生了更多的后旋。而这就是让球落地后迅速停止的一种方法。

基础

## 如何打出较高的劈起球

扎克·约翰逊

首先，要尊重球位。球位越服贴——比如硬地面、修剪得很短的球道——就越难将杆面从球的下方通过。如果你所处的球位让你没有足够的信心能做到这一点，考虑打一个不同的球。

要想把球打得高，打开你的站位。击球准备时，让身体朝向目标的左侧，这有助于你更好的送杆并完成击球。出于同样的原因，在击球准备时把更多的重量放在左侧。

固定好你的手腕。就像打沙坑球一样，在上杆时你应该曲腕。这会帮助你把球打得更高。你想让球飞得越高，就需要越多的曲腕。打高抛球时你不需要太多的身体转动，所以要感觉好像是你的手臂挥动在推动球杆。如果你击球时的路径较平，球杆的杆面角度会将球打得很高。

基础

## 像职业选手那样打劈起球

布奇·哈蒙

我看到很多普通球员试图把球高高地抛向空中。然后我观察巡回赛上的职业选手，他们会让球飞得低一些，这样能更好地控制球飞行的距离。当然，有时你需要打高球，但你的标准劈起球应该是低一些的，落地后能滚动。

在这些照片中，你可以看到低劈起球和许多业余爱好者的做法之间的区别。职业选手在击球时将球放在中间或稍微靠后的位置，并在向下挥杆时通过向左移动来保持杆身向前倾斜。而业余爱好者则将球放得太靠前，然后重心保留在右脚试图将球捞起。由于手部动作过多，他们经常会击球过深或过薄，这正是他们所害怕发生的事情。

这样想：职业选手在击球准备时已经设定了杆面角度，并在整个挥杆过程中保持这个角度。业余爱好者试图在击球瞬间增加杆面角度，这没有必要，而且会导致触球不佳。所以把球往后放，并且保持杆身向前。你的劈起球会有所提高，你的恐惧也会消失。

无倒旋

我非常反对在打劈起球时让球过多倒旋。对于劈起球来说，学会不让球后旋比让球后旋要容易，所以请遵循我的步骤。准备击球时站高一些，双脚站距窄一些。然后，在上杆时保持姿势不变。在向上弯曲手腕时，你要让右胯有微小的转动，身体重心不要过多移向右侧。这应该会形成一个紧凑的上杆动作。然后，在下杆时早些松开手腕，以促进送球时类似低手投掷的动作。在击球瞬间，释放双手和手腕的同时，球杆会从球的下方通过。左腿伸直，左髋部向远离球的方向转动，以形成由内向外的挥杆路径。你要感觉球杆是向上击球的，并且完成动作时应该右脚脚趾着地。

菲尔·罗格斯

基础

## 一个改变劈起球高度的简单方法

吉姆 · 弗利克

戴维斯 · 洛夫二世于 1988 年在一场小型飞机失事中去世，他是一位著名的优秀教练。但很多人不知道戴维斯二世（戴维斯三世的父亲）也是一位非常出色的球员。他在 1964 年的美国大师赛首轮结束后并列领先，还在 1969 年于皇家莱瑟姆举行的英国公开赛上与杰克 · 尼克劳斯并列第五。戴维斯在那一年的英国公开赛上劈起球如有神助，尽管当时场地坚硬且风大。他后来告诉我，出色的劈起球的秘诀之一是控制球的飞行轨迹。他说，实现这一点的方法是调整握杆的力度。

戴维斯说，要打出高抛球，你应该轻轻地握住球杆。我建议在 10 分制中用 2 到 3 分的力度，10 分为最紧的力度。这样能让球杆自由释放，并在击球时滑到球下方增加杆面角度。对于低飞球，要更用力地握住球杆——6 到 7 分的力度。这能让你在击球时保持握把领先于球，从而在击球时稳定杆面，保持杆面角度不变。当你练习劈起球时，用一支球杆并改变你的握杆压力。自己看看这对你的球飞行轨迹有何影响。

MPH
0
20
40
60
80
100
120
140
160

进阶

## 学会在挥杆中加速以提高劈起球的准确性

大卫 · 利百特

高尔夫球手们被告知在打劈起球时调节距离的最常见方法是改变上杆的幅度。但我一直觉得很难让球员确切地知道他们应该把球杆往后拿多远。他们怎么会知道呢？又不是说当他们到达正确的位置时会有铃声响起。

与其担心改变上杆的长度，不如专注于一个长度——上一半，左臂与地面平行。从那里开始，关键在于通过击球时的加速因素。例如，如果你想打出 90 码的击球，就想着以 90 英里 / 小时的速度挥杆。如果你想打到 70 码，就以 70 英里 / 小时的速度挥杆，以此类推。显然，这些速度并不准确，但对于提高劈起球的距离控制来说，这是一个很棒的心理概念。

装备

## 新的凹槽如何影响你的挖起杆表现

马克斯 · 阿德勒

我们的测试很简单。使用相同的 56 度挖起杆（一支带有新的 V 型凹槽，一支带有旧的 U 型凹槽），一位零差点高尔夫球手分别从 100 码的全挥杆击球、40 码的切球、长草区的高抛球以及果岭边劈起球各击打 10 个球。结果见下面的图表。

**球员 A 打出的范围**

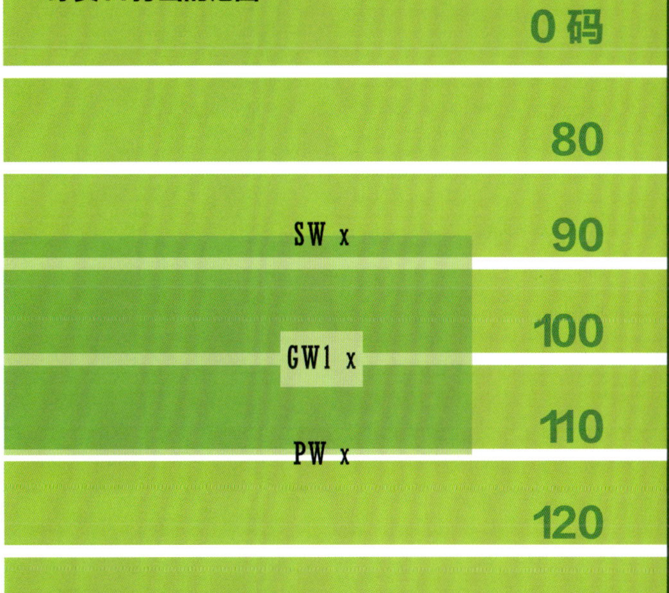


**球员 B 打出的范围**

进阶

# 如何打出高抛球

## 肖恩·福利

高抛球最常见的教学方法是在击球准备时打开站位和杆面，并在沿着身体挥杆时保持杆面打开并从外往内下杆切过球。这可能会导致距离控制和方向的不一致，因为很难判断挥杆的力度以及球会落在哪里。

即使是像斯蒂芬·艾姆斯这样的优秀球员也在这种方法上遇到了困难。有时当他的动作不太正确时，他会为了让球飞起来而重心压在他的后脚。这就是为什么我们改变了他打这种球的方式。我让他拿一支高角度的挖起杆，准备击球时让他的站位和杆面正对着目标——不是打开的。然后，我让他降低球杆杆身，并使其向远离目标的方向倾斜。这使他的左手腕呈凹状。目的是在击球时保持这种凹状的姿势，这会露出球杆底部的反弹角（球杆底部的凸起部分）并增加杆面角度，使球飞得更高。

凭借这种方法，控制击球的方向会容易得多，因为你准备击球时是正对着目标的。露出反弹角也给了你一些容错空间，因为反弹角能防止球杆陷入地面并卡住。

进阶

## 如何打出让人爱恨不得的半挖起球

菲尔·米克尔森

许多业余选手觉得半挖起杆击球很别扭，当涉及到沙坑或水障碍时，简直令人害怕。如果你总是击球过深或过薄，无法决定应该做多大的挥杆动作，或者发现自己击球距离过长或过短，试试我的方法。它将消除你的恐惧，并给与你一直以来所寻求的稳定性和控制力。在打这种球时，打开你的站位，将球置于中间偏前，让杆面瞄准你的目标。在上杆时充分屈腕，但控制手臂的挥动幅度。然后向下挥杆送杆，但在手臂与地面平行时结束挥杆。

# 打球策略

基础

## 如何消除打劈起球时的紧张感

斯坦 · 厄特利

如果你的姿势僵硬，你永远不会有出色的短杆表现。要打好劈起球，准备击球时要让你的手臂从肩部自然下垂，双脚靠拢，这样更容易转动身体。要击球，通过身体转动击球，而不是单独用手臂击球。球杆的握把后端应该始终指向你的皮带扣，这样能让球杆底部的反弹角与地面接触。如果你翻转双手，球杆会插入草皮，而不是像你希望的那样滑动。

基础

## 如何击打上坡劈起球

吉姆·麦克莱恩

上坡球位会产生让你的左侧变长的效果，这可能会导致你向后倾斜并造成触球不佳。为了弥补这一点，将你的左脚从目标线移开，并更多地弯曲你的左膝。像这样打开你的站位会预先设定你通过球后的旋转。你会需要这样的帮助，因为上坡会使朝向目标的身体转动变得困难。

为什么你想要身体转动呢？因为你需要力量来击打上坡球。斜坡会增加杆面角度，所以你往往会把球打短。但在这里我仍然喜欢用大角度挖起杆，尤其是在长草区。以开放式站位准备还有另一个好处，那就是它能促进由外向内的挥杆，这种挥杆更陡峭，能让杆头穿过草皮并打到球的下方。

技巧

当我要越过障碍区击球，并且我和球洞之间的果岭区域很小的时候，我想要打出一个飞得高且慢的球——一个能在飞行轨迹中就稳定下来的球。要打出这种类型的球，首先要做的是以比平常更多地向后倾斜杆面的方式准备击球，从而增加杆面角度。我直接向后上杆，并在上杆之初就弯曲手腕。我向下击球并送杆，让双手引领杆头，手腕向下丢后击球。这让我打出一个带有很多后旋的高抛球。整个挥杆动作应该是轻松且有节奏的。

山姆·斯尼德

基础

## 如何应对下坡球位

托德 · 安德森

在打下坡球时，往往会将握把向后放，试图给杆面增加角度。确保球杆的前沿与地面平齐。围绕着正确的杆头与地面的接处来构建你的准备姿势。将握把的底部指向你的拉链和左髋之间，并且球位要比平时更靠后。来自下坡位的击球往往飞得更低且偏向右侧，所以选择较小号的球杆并且瞄向左侧。沿着斜坡向下挥杆，不要试图助力让球飞起。

基础

## 如何在极短草的球道上击球

安妮卡 · 索伦斯坦

在坚实的地面上，人们往往会试图将球捞到空中，这通常会导致击球过深或过薄。扎实的触球来自于向下击球。对于标准的劈起球，将球放在脚跟中间的位置，并且将更多的重量放在前脚。这能促进形成你击球时所需的更陡峭的下降。

球杆应该在击球后立即触地。试试这个练习：让一个朋友把他或她的脚跟放在球原本所在位置的正前方。做好击鞋的准备姿势，然后挥杆，尝试将杆面楔入脚跟下方。如果你向上铲球，你将会向上挥到鞋底。用上半身的转动来控制劈起球的动作，而不是用你的手和手臂。你希望身体的各个部位能够一起向后转动并完成动作，因此在完成动作时你的髋部和肩部要面向目标。这将有助于你保持杆面角度，以打出更高的球。确保击球后杆面朝上。

基础

## 非常深的长草区？早点屈腕

唐 · 赫特

浓密的果岭边长草区造成了一个两难困境：你要怎样用力挥杆才能将球从厚重的草丛中击出，同时又要力度轻柔以使球刚好落在果岭上？这是一次信念的飞跃，但如果你不全力以赴，你将再次面对同样的击球局面。

怎么做：你需要一个相对长的挥杆动作，所以在上杆时尽早屈腕，并在击球时加速。怎么去感受：为了确保你在这次击球时减速，想象在击球后杆面正朝向你。

基础

## 如何像职业球员一样打出挖起杆（并让球落地即停）

大卫·汤姆斯

想知道我是如何击出低飞、无趣的劈起球，让球弹几下然后停下的吗？我握杆向下移一英寸，球位就放在中心稍后的位置，但我把重心放在左边并保持在那里。我还会站得稍微开放一些，以预先设定身体在击球时的转动。在开始上杆之前，我会将杆身稍稍向前倾斜一点。我上杆的长度取决于到球洞的距离。这是一个 60 码的击球。

我的身体向目标转动，带动球杆向下。我的双手引领球杆头通过球。我通过转动身体和挥动手臂来释放球杆，而不是通过翻转双手。尽管我没有用这个挖起杆打出全距离，但我做了一个完整的身体转动。

心理提示

每次击球前，先想好球要飞到哪里。当球员正确地瞄准目标时，就好像有一束激光连接着他们的大脑和他们希望球到达的位置。对他们来说，其他的都不存在。他们一心一意。诸如树林和水之类的障碍不会分散他们的注意力。一旦他们选定了目标，他们就只想着让球飞到那里。这在打劈起球时尤其有帮助。

鲍勃·罗特拉博士

基础

## 拓宽站位以战胜长草区

大卫·利百特

当你的球埋在长草区时，击出高质量的劈起球可能会很困难，因为很难实现可预测的击球。尝试在准备击球时加宽站位，并在整个挥杆过程中保持夸张的膝盖弯曲。这样会降低你的重心，使你能够将球杆面滑到球的下方。此外，当球杆在高高的草丛中挥动时，它能保持你身体的稳定。这很像打果岭边沙坑球。

基础

## 如何在短距离劈起击球时克服紧张

汉克 · 哈尼

在这些短距离击球中，最重要的基本点是将挥杆的底部向前移动，这样你就能在向下挥杆时稍稍击中球。大多数球员都被告知要保持身体完全静止，所以他们身体僵硬，试图用手把球挑起来。这与他们想要的结果恰恰相反：它会使挥杆的底部向后移动，从而导致击球过深或打薄。

相反，使用手腕稳固的挥杆动作，让身体转动并完成击球，就好像你在做一个较小版本的完整挥杆动作。并且要专注于球的正面，这也将有助于你首先触到球。

基础

## 将杆面滑到球下方以击出高抛球

斯图尔特·辛克

我只在万不得已的情况下才打高抛球，业余选手也应该如此，因为这很难打。如果你没有真正下定决心去打，你要么会把球削过果岭，要么会打深。但如果你绝对必须要把球高高地打起来并迅速让其停止，那么你要感觉到在击球时杆头超过了杆身。

这种杆头的释放对于产生足够的球杆头速度和杆面角度以使球飞起并轻柔着地至关重要。重要的是，在击球准备时将杆面打开（指向目标的右侧），这会增加更多的杆面角度，然后握住球杆——按这个顺序。你甚至可以微微把握杆变弱势，双手朝目标方向转动；这会让击球更柔和。但关键是在握杆前打开杆面。假设你的球位相当平坦，你可以将球向前放置一两英寸以获得更高的击球高度。从那里开始，你应该想着在球杆头经过杆身时，将打开的杆面滑到球的下方。

建议

在果岭上让球倒旋看起来可能令人印象深刻，但这绝不是打高尔夫的好方法，因为你无法控制它。你击出的每一球落地后都应该向前弹起。如果旗杆就在沙坑上方，你可以通过把球击得更高来靠近，而不是让球倒旋。使用这些 60 度的挖起杆，把球击高是很容易的。

莫·诺曼

进阶

## 解决短边困境

约翰 · 达利

当你没把球打上果岭，而且球落在距离旗杆最近的一侧，球与球洞之间的果岭面积不大时，你就陷入了短边困境。这很冒险，但让下一杆靠近球洞的唯一方法就是打高抛球。就像打沙坑球时那样，瞄准目标的左侧，将球位放在靠前位置，轻握球杆，杆面打开。做一个完整的挥杆动作，像右区球一样将球切出去。同时击中地面和球。不要让杆面在击球时翻转，这样球就会高高飞起并“砰”地落地。

罗里・麦克罗伊在 2011 年美国公开赛于国会乡村俱乐部举行的最后一轮中打出一记短距离攻果岭击球，最终取得了他的首个大满贯赛胜利。

Junx

进阶

## 当你必须让球停住

汉克 · 哈尼

泰格 · 伍兹会观察其他球员练习其非常擅长的技能，并且他会毫不犹豫地借鉴能让自己变得更好的东西。例如，短杆大师塞夫 · 巴列斯特罗斯、乔希 · 玛丽亚 · 奥拉查宝和格雷格 · 诺曼在击球时杆头速度快、旋转多——而不是采用缓慢、懒散的挥杆。泰格 · 伍兹已经领会到了这一点。他通常希望他的球能减速停住，而不是落地后滚出。通过快速通过球，他可以击向一个点，而不必太担心果岭的轮廓。要做到这一点，你必须有高超的技术——和出色的手感——否则你就有可能把球切过果岭。

锻炼窍门

# 训练你的身体在打劈起球时转动

马克 · 韦斯特根

为了正确地打出劈起球，当你向下挥杆和送杆时，你的上半身必须朝目标转动。大多数业余选手试图仅用手来击打这种球，或者更糟糕的是，由于担心击球过远，在击球后停止送杆。要训练你的身体完成转动，可以试试这个练习。

后弓步加侧屈动作会有所帮助，因为它能拉伸髋屈肌、臀肌、腹股沟区域和腹斜肌（躯干两侧的肌肉）。如果这些部位不够灵活，你在上杆或完成挥杆动作时就无法很好地转动上半身。

要进行这个动作，右脚向后迈成弓步姿势，收缩右侧臀肌。右手举过头顶，身体向左侧屈。回到起始位置。换腿并重复。

# 沙坑球

果岭边的沙坑球是高尔夫球中唯一一种常规打法，其目标是击打球后方的地面，而不是球本身。由于大多数高尔夫球手在正常挥杆时都难以做到先触球，你可能会认为这种故意打深的击球很容易掌握——但事实并非如此。因为这是一记短击球，通常需要球高高飞起并轻柔着地，所以大多数业余选手要么因担心击球过远而无法完成挥杆，要么轻击球，希望通过手腕动作让球飞起来。这两种方法在将球击出沙坑时都不是很有效。

球道沙坑球也让业余选手感到棘手，因为正确打出这种球所需的动作——这与在果岭边沙坑球所需的动作完全相反——非常难以掌握。

无论你的球是在果岭附近的沙坑中还是在球道附近的沙坑中，你首先应该知道的是，成为一名出色的沙坑球手首先要有正确的心态。PGA 巡回赛的球员不惧怕沙坑。事实上，他们非常擅长沙坑球，他们经常瞄准靠近沙坑的位置，因为他们知道，如果击球未能达到目标，沙坑是完美的救球点。所以，对你打好沙坑球的第一条建议是欣然接受挑战。以下是一些来自高手的沙坑球技巧。

前页：
**沙坑高手：**
菲尔·米克尔森在 2008 年埃森哲世界比洞锦标赛中成功从果岭边的沙坑脱困。

右图：
伊恩·保尔特挥杆动作顺序

**71.01%** 1998 年，基思·弗格斯从果岭边的沙坑中成功保帕的百分比是 71.01%——这仍是自 1980 年美巡赛开始追踪该数据以来沙坑救球的最佳赛季平均水平。

- 一位差点为 20 的高尔夫球手从果岭边的沙坑成功救球上果岭的概率不到 10%。
- 普通业余选手的沙坑球距离球洞平均 45 英尺。而职业选手的沙坑球距离球洞平均不到 10 英尺。

基础

## 如何打出最基本的果岭边沙坑球

汉克·哈尼

巡回赛球员不像大多数业余选手那样害怕沙坑球，但只有少数职业选手从沙坑中成功救球上果岭的概率超过 60%。从中能得到什么教训呢？学习基础知识，这样你就不会害怕沙坑，并调整你的预期。确保你能从沙坑中打出来，给自己一个一推的机会，但在大多数情况下，能在三杆内将球打上果岭就该满足了。

要安全出沙坑，打开杆面，这样球杆就能从沙表面上弹起而不是挖进沙里。你要击球后方的一片沙地，将球溅出沙坑，所以击球时将球置于站位靠前的位置，靠近左脚。挥杆过程中的关键是送杆动作要完整，并将身体转向目标。

大多数业余选手将球杆挥入沙中，当他们感觉到阻力时，就放弃击球。此外，他们心怀恐惧，所以往往会让身体僵住，只用手臂向球挥动。致力于完整地转身完成击球动作，这样每次你都能将球击出沙坑。

基础

## 采用较陡的角度以避免打削头球

吉姆 · 麦克莱恩

在大多数球员的球包里，沙坑挖起杆是最重的球杆。有效地利用这种重量将有助于你成为一个稳定且出色的沙坑球手。你想要的感觉是球杆从上杆顶点自然下落。要做出这个动作，你必须要有一个比平时更垂直的上杆。而一般球员恰恰相反。他在上杆时围绕着身体挥杆，这就导致了入沙角度太浅。

首先，杆面打开，站位稍微打开，然后做一个陡峭的上杆。杆面打开与垂直的挥杆平面相结合将帮助你“抽打”沙面，从而产生一记好的沙坑球时听到的重击声。然后，在击球时加速，并通过保持那个姿势几秒钟来证明这一点。

挥杆思考

我一直发现，一个良好的心理意象会让击球变得容易得多。在我小时候学习这项运动时，情况尤其如此。我曾被告知，打好沙坑球的关键在于将沙从沙坑中溅出，就像你试图把水从游泳池中溅出一样。高尔夫球手经常误解的是，在打沙坑球时，是沙子把球抛到果岭上——而不是球杆头。我试着做一个完整的、慢动作的挥杆，击打球后面的沙子并把它溅出。

奇奇·罗德里格斯

基础

## 打开杆面以防止挖起杆嵌入沙中

吉姆 · 弗利克

多年来，我在观察杰出的沙坑球选手时，发现了一个有趣的现象，比如朱利叶斯 · 博罗斯和山姆 · 斯尼德，他们在打沙坑球时杆面打开的程度非常大。这样做可以让球杆的反弹角充分发挥作用，避免球杆陷入沙中。

在执行果岭边沙坑球时，许多高尔夫球手害怕打开杆面。他们认为这会导致击球偏向右方。事实并非如此。请记住，球的走向取决于沙子的走向，也就是沿着你的挥杆路径，而不论杆面指向何处。

杆面打开得越多，球杆的反弹就越多。现在你可以向下击打球后面的沙子，而不用担心球杆会陷入。你有了更大的容错空间。沙子越软，你就越需要打开杆面。在紧实的沙子中，只需稍微打开杆面，但要将身体重心更多地倾向左侧。

基础

## 避免在打沙坑球时将球留在沙坑中

安妮卡 · 索伦斯坦

1. 要避免你的沙坑球出现打深的情况，你必须让球杆头的后沿在前沿之前进入沙子。通过我的练习来感受一下。进入沙坑，对着耙子做好准备姿势（如右图所示）。打开杆面，这会使后沿低于前沿，然后挥杆，让球杆从耙子上掠过。

2. 你会很快感受到用球杆后沿击球是什么感觉。现在，将这种感觉转移到实际击球中。首先，降低身体几英寸，以便球杆面能够在球下方滑过。我通过加宽站姿来做到这一点（其他人则通过扭动双脚嵌入沙中）。然后，让球位于前脚脚跟处，并记住打开杆面。

3. 做一个四分之三的挥杆动作，在击球时让球杆加速越过双手。球杆后沿应该在球后两到三英寸处进入沙子，这将有助于球杆头滑过并将球推出。为了防止球杆挖得太深，要保持身体转动到完全收杆。

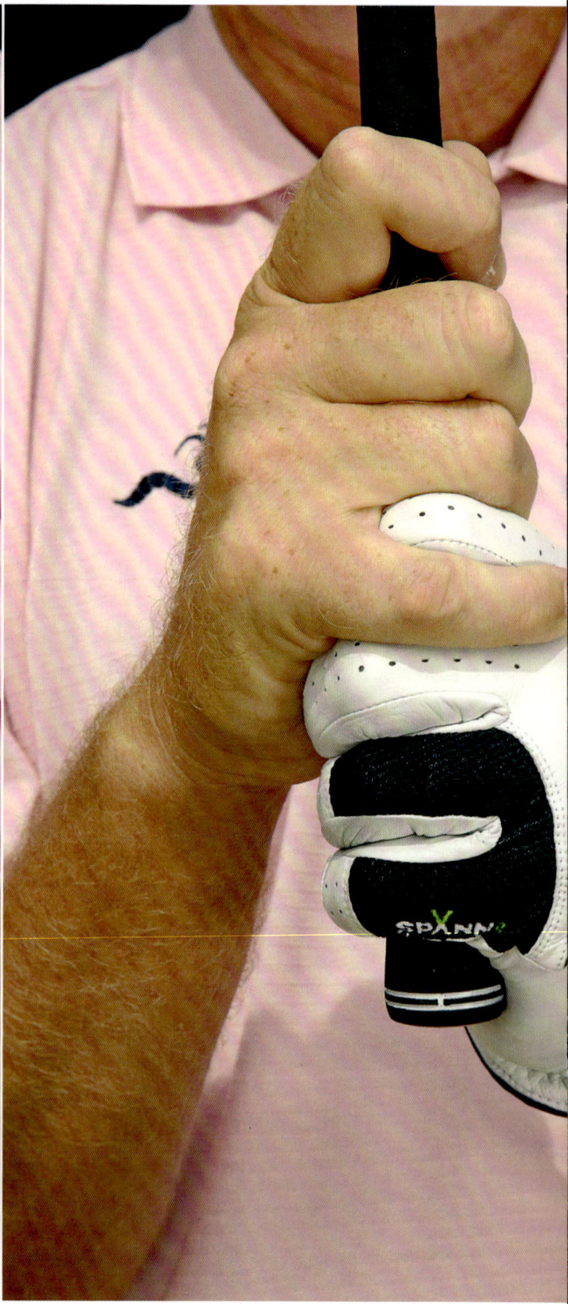

基础

## 球道沙坑球：握短球杆并保持下半身稳定

厄尼·艾尔斯

只要你的球位状况良好，从球道沙坑球并不像你想象得那么难——只是你没有打深的空间然后全身而退。

我打这种球的方式和在球道上打抗风球的方式相同。击球准备时，让球处于站位的中间位置，通过把脚嵌进沙子里来稳固自己在沙中的位置。选择更大一号的球杆，但像我在这里做的这样，握短两英寸。这可以抵消你的双脚低于沙面的影响。当你击球时，专注于做四分之三的上杆动作，并保持下半身不动。先击球，然后再触沙。由于更长的球杆杆面角度更大，击球的飞行高度会比正常情况低，但球会有更多的后旋。

装备

# 如何为沙坑球选择正确的挖起杆

迈克 · 斯塔胡拉

如果你将挖起杆底部的最低点放在一个平面上，你可能会看到杆面的前缘（杆面最靠前的部分）高于底部。这种差异被称为挖起杆的反弹或反弹角，底部和前缘之间的差异越大，反弹角度就越大。较高的反弹角有助于更陡峭的挥杆通过草皮。在沙坑中效果也很好，特别是对于普通高尔夫球手，因为它能让球杆底部在沙子中滑过而不会陷入。一般来说，典型的 56 度高抛挖起杆应该至少有 10 度的反弹角度。对于更松软的沙子，更高的反弹角度（12 – 14 度）则更好。

进阶

## 为了打好沙坑球练习屈腕和释放

斯坦·厄特利

如果你想控制好沙坑球，你必须稳定地打到球后方的同一处沙。将身体重心放在前脚，并保持前倾的姿势转动；不要从球上向后晃。当你做对的时候，可能会感觉像是反向轴心转移，但这没关系。你唯一还需要考虑的另一件事是让杆头产生很快的速度，而不是握把端。早早地屈腕，然后在击球过程中有力地释放手腕。无论是上杆还是送杆，都不要让握把端离身体中心太远。

准备动作

汤姆·凯特是高尔夫史上在果岭边沙坑球表现最为出色的球员之一，他有一套很棒的沙坑球前准备流程，你应该遵循。将你的挖起杆杆面打开，并将双手在握把上位置放高。这有助于完成充分的收杆动作。让杆身指向你的皮带扣，双手略处于球的前方。站位方正。你打开的杆面将指向右侧。现在，将你的左脚、臀部和肩部向左移动，直到你的杆面直接瞄准目标。同时，在左脚上多施加一点额外的重量。现在你处于一个绝佳的位置，可以沿着肩部的线路挥杆，并在球后 1 到 4 英寸处击打沙子。

**哈维·皮尼克**

进阶

## 规范你的收杆以控制距离

里克 · 史密斯

有很多方法可以调节沙坑球的距离和高度，但我发现对于我的学生来说，最容易执行的一种方法与收杆位置有关。使用这种方法，上杆的幅度和挥杆速度保持一致，但送杆的长度会根据你想要击球的距离和高度而变化。

要掌握它，先击出两球。将球杆上挥到相同的位置，并以相同的速度下挥，但第一次收杆低，第二次收杆高。你会发现低收杆对于不需要很高高度的短距离沙坑球是理想的。然而，高收杆对于在边缘较高的沙坑中进行较长距离的击球更好。

无论你使用哪种收杆方式，记住要通过让杆头超过双手来释放球杆。这能确保您不会让球杆卡在沙子里。最后一点：当你下杆时，一定要将身体重心转移到前脚。如果你身体重心滞后，你将很难将球杆从球下方通过。

进阶

## 为了在球道沙坑中扎实击球，想象一块玻璃

布奇 · 哈蒙

在球道沙坑中常见的失误是击球过深，这是由于在下杆时腿部用力过猛。这种腿部的驱动动作会降低你的重心，在草地上这种动作效果很好，但在较软的沙坑中，往往会导致击中球后面的位置。要抑制那种向前的腿部驱动，使用较长的球杆并更轻松地挥杆。如果沙坑边缘较高，要确保你有足够的杆面角度来越过它，但如果边缘较低，选择大一号的球杆并且轻松挥杆。

抬起下巴以让你的脊柱角度更垂直一些。更高的姿势有助于实现围绕身体的挥杆以及更平稳的击球，这样你就能够将球打出而不是向下挖球。要克制住向下猛冲击球的冲动，就像高尔夫球手们经常做的那样，他们这么做往往是试图把球从沙坑里弄出来。

想象你的球正放在一块玻璃板上：你想要把它击出但又不能打碎玻璃。感觉自己在整个击球过程中始终保持挺拔的身姿。请记住，从球道沙坑中将球打得薄一些是件好事，打得太薄通常也比任何打深的情况要好。

练习窍门

当我还是小孩的时候，我没有地方练习，于是我就去海滩。结果证明这很棒，因为在沙地上你必须保持稳定并先击球。试试这个：进入沙坑，将球置于站位中间，双手在前，让手臂自然下垂。向后上杆，保持左臂伸直，但不要僵硬。

塞夫 · 巴列斯特罗斯

进阶

## 把脚趾向内转以稳定球道沙坑球

大卫·利百特

高尔夫球手在球道沙坑中面临的最大困难之一是保持下半身的稳定。如果是全挥杆击球，你很容易站不稳，导致击球失误。其结果往往是在球后面太远的地方接触到沙子。我必须再三强调，你需要在沙中站稳脚跟。

要做到这一点，把你的脚插进沙子里，然后在准备击球时把脚趾向内转。这能让你的下半身在沙坑中站稳。你应该感觉自己的体重在双脚的内侧边缘，当你挥杆时，保持重心在同样的位置。与常规的全挥杆击球不同，这里没有太多的重心转移。这次挥杆更多地是由手臂和肩膀推动的，而脚趾向内的姿势为扎实击球提供了所需的稳定性。

对于扎实的球道沙坑球，还有一件重要的事情要记住：你应该稍微握住球杆靠下的位置，以补偿你把脚插进沙子的深度。这有助于你先击到球。

挥杆技巧

沙坑挖起杆的底部有一个从杆面前沿向下延伸的凸缘。这个凸缘起到了舵的作用，防止球杆切入沙中过深。然而，如果你让双手在击球区域在杆头前，你会减少球杆的杆面角度，减小凸缘的深度，并使反弹或舵的作用最小化。我的方法要求当球杆经过球下方时，你的手要跟随在杆头后面。这样会产生一个相对较薄的沙层切削。当你只用一只手练习时，这只手必须跟随在杆头后面。这就是你在真正的沙坑球中想要的感觉。

克劳德·哈曼

# 打球

策略

基础

## 运用手腕动作从陡峭的沙坑壁中脱困

马特·库奇

我一直被教导，沙坑球的首要规则就是把球打出去。当你面前有一个陡峭的坡面时，这条规则比以往任何时候都更适用。在这里，你必须尽快让球飞到空中。

首先，以稍微开放的站姿准备击球。接下来，打开你的挖起杆的杆面，然后握住球杆，顺序不能反。从那里开始，向后挥杆，并将杆面打开得更多。

现在到了棘手的部分，在这里你必须做与其他击球方式所学到的相反的事情：你必须放弃延迟释放动作。换句话说，在击球前让杆头超过你的双手，并从球下方铲起。我感觉自己在击球时好像在转右手腕。球杆仍然应该刚好在球的后方进入沙子，但完全释放你的手腕会提高你的挥杆速度，并有助于将球打起。球会轻轻落地并很快停止。

基础

## 被掩埋的球位？选择正确球杆

汤姆 · 沃森

我会根据距离，用以下两种方式中的一种来打深埋在沙坑中的球。

长距离击球：我第一次从我爸爸那里学到标准技术时，用的是一支老式的 Sandy Andy 挖起杆：偏强势握杆，杆头趾部向内约 30 度，将球置于站位中心靠后的位置，然后做一个陡峭的下杆。如今，如果我确定能越过沙坑边缘，我可能会使用劈起杆或 9 号铁杆。这些球杆的反弹比挖起杆小，所以它们很容易在球下方挖进，而不是擦过球。球会快速飞出并滚动。

短距离击球：李 · 特维诺教我偏弱势握杆，杆面打开约 30 度，将球置于站位中心靠前的位置，重心放在左脚上，并且挥杆要更加陡峭。我更用力地挥杆以产生足够的速度，从而打出更柔和且能快速停住的击球。甚至让杆头留在沙中也是可以的。

心理提示

# 球在沙坑中被埋住了？兴奋起来！

鲍勃·罗特拉

那些理解并热爱高尔夫这项运动的球手会接受它而不是抗拒它。他们意识到高尔夫的本质是对不可避免的错误和不幸做出良好的反应，而在沙坑中球被埋住就是一个完美的例子。我告诉球员们，如果在他们的比赛中有一件事是他们应该始终引以为傲的，那就是他们如何很好地应对失误或糟糕的情况。我告诉他们，他们永远无法完全控制高尔夫球，但他们可以控制自己的态度。所以，如果球被埋住了，为这个挑战而兴奋，而不是为不幸的球位而哀叹。

基础

## 选对球杆了吗？下面是如何从埋住的球位中脱困的办法

今田龙二

当球部分被埋住时，你必须做出更陡峭的挥杆动作，让球杆从球的下方通过。要做到这一点，我会把大部分体重放在前脚，并在上杆时迅速屈腕。由于手腕有了这么多的屈折动作，我就不需要像在标准球位那样大幅度地挥动手臂，球杆仍然应该在球后一英寸左右进入沙中。这不是深挖，也不是擦过。感受一下挖起杆炸开沙子的感觉。

挥杆建议

以下是一些在面对长距离沙坑球时能帮助你的小贴士。首先，一定要选择一支有足够杆面角度的球杆来将球击出。长距离推杆可能不是什么好选择，但总比从沙坑壁打下一杆要好。接下来，将双脚踩进沙子里以保持平衡，然后在击球过程中专注于运用腿部力量。过多的手臂挥动可能会导致你身体抬高，击球过薄或者从上往下挥杆导致击球过深。另外，不要试图助力球飞起来。做一个完整、自由的挥杆，向下击球并从球下方通过。并且不要害怕带起一点沙子。如果距离真的很长，你可以使用劈起杆或 9 号铁杆来击球，只要你有足够的杆面角度越过沙坑边缘就行。

**拜伦·尼尔森**

基础

## 湿沙？硬沙？以下是脱困的办法

菲尔·米克尔森

在紧实的沙坑里，你不会希望你的挖起杆过早触地然后弹到球的中心。为了避免这种情况，将重心前移，脊椎向目标方向倾斜。要着重强调的是，在从硬沙坑中打沙坑球时，你的重心必须保持前倾。为了体会这种感觉，可以试试这个练习：将后脚稍稍抬起离地，以这种方式练习击球。然后，当你击打真正的硬沙／湿沙球时，重复这种感觉。

当你保持重心前倾时，你会自然地更靠近球击球，这能防止你打的球从沙子上弹起和刮球。你是以杆面打开的方式打这一杆的，所以让球飞起不会有任何问题。

Callaway

基础

## 在一记长距离的果岭边沙坑球中把球扫出去

拉提夫 · 古森

当你需要的距离超过标准的果岭边击球所能提供的距离时，放下你的挖起杆，选择劈起杆或中继挖起杆。较低的杆面角度能让你在不做大挥杆动作或击球点离球太近的情况下把球打得更远。在沙坑中球位正常时，将球置于前脚的对面或前脚内侧。球位越差，你需要将球往后放得越远。但不要放得太后，极限应该是你站位的中间位置。

在挥杆过程中，让双腿保持尽可能的稳定。要做到这一点，你需要有良好的立足点，所以把双脚稍微扭进沙子里。长距离沙坑挥杆很大程度上是手臂和肩膀的动作。做一个扫动式挥杆，而不是挖掘式挥杆。你仍然应该在击球时由外向内挥杆，但让杆面更方正一点，并在球后约一英寸处进入沙子。想着扫动，而不是挖球。

挥杆技巧

故事速递：我当时在得克萨斯州，一个戴着大帽子的好心老男孩停下来看我打沙坑球。他看到我打的第一球进洞了。他说："如果你下一个球也进洞，我就给你50美元。"我下一个球进洞了。然后他说："如果你再进一个，我就给你100美元。"结果连续进了三个。当他把钞票递给我时，他说："孩子，我这辈子都没见过这么幸运的人。"我回击道："嗯，我练习得越刻苦就越幸运。"这句话就是这么来的。你可以通过声音来判断一个好的沙坑球。对于粉状的沙子，你想要听到"噗"的一声。对于较粗的沙子，声音应该听起来像你把亚麻布床单撕成两半。努力发出正确的声音，你会惊讶于自己进步得如此之快。

加里·普莱耶

窍门

# 教你如何平整沙坑

## 美巡赛球童

我们向美巡赛的球童请教了击球后正确平整沙坑的方法。以下是他们提供的分步说明：

用你的脚把脚印和球杆留下的痕迹弄平。

把耙子倒过来，向前推沙子。

把耙子翻过来，当你往自己这边拉的时候，轻轻掠过沙子的表面。保持手柄向下。

把耙子朝球洞方向推。

进阶

## 将髋部向前推以击打长距离果岭边沙坑球

吉姆·麦克莱恩

当你面对一记长距离的果岭边沙坑球时，采用我从我的朋友肯·文图里那里得到的这个技巧，他在1964年赢得了美国公开赛。肯告诉我在击球准备时将髋部向前顶几英寸。你的重心在双脚上仍然是各占50%，但这个动作会让你的下半身处于击球的位置，这有助于你控制球杆进入沙子的位置。如果在打沙坑球时你的髋部向后移动，你往往会击球点太靠球的后方——然后球就会打得太短。把髋部向前推并保持在那里。

另一件要记住的事：这种击球需要完全投入去做一个完整的挥杆。肩膀是主要的力量来源，所以要确保你在上杆时完成肩部的转动。一个检查点是，在顶部时右肩已经移动到右耳后面。往下挥杆时，将上半身转向目标。向下挥杆通过沙子，让球杆加速完成整个动作。

KPMG
BARCLAYS
Callaway
GOLF

进阶

## 如何从沙坑上坡球位脱困

菲尔·米克尔森

将球杆头沿着斜坡向上挥动，这样它就能穿过沙子并在送杆中遇到最小的阻力。记住在上坡击球时要采用果断的挥杆，因为球几乎会直直向上飞起，然后更轻柔地落地。

沙坑中的上坡球位会给业余选手带来麻烦，因为他们往往会直接将球杆头打进坡里。这样做没有容错的余地：如果你击球点在球的后方哪怕只是多了一点点，球杆头就会直接从球的下方穿过，那你能把球从沙坑中打出来就算幸运了。关键是要调整你的准备姿势。

与其去担心上半身，不如专注于将几乎所有的体重转移到后脚上。这样做时，我的上半身自然就会调整，从而与斜坡平行。这让我能使挥杆弧线变平，将杆面滑到球的下方。

进阶

## 处理沙坑下坡球位时保持低的站位

汤姆 · 沃森

在打下坡沙坑球时，不幸的倾向是打薄，要么是在打到沙子之前就击球，要么是球杆在沙子上弹起后打到球（上坡沙坑球相对更容易）。

在打下坡球时，准备姿势至关重要。我让身体与沙坡的坡度保持一致。我的左肩低于我的右肩。（如果你在我的双肩和双脚之间画直线，这些线会是平行的。）我的重心在左脚内侧。我将球置于站位的中间，身体和杆面稍稍打开。在上杆时，我会更快地立腕，用手臂迅速将球杆举起。向下杆时，我确保击球点在球的后方，就像在平地上打沙坑球一样。我沿着斜坡顺势完成送杆动作，保持杆面打开并尽可能放低。

我所做的是改变了我的准备姿势和球杆头的挥杆弧线以适应下坡。我预计球会比平时飞得更低，滚动更多。

打球策略

如果沙坑中的沙子压得很紧实或者很湿，传统的溅沙式击球将不起作用。如果你打开沙坑杆的杆面并试图在球后方很远的位置击球，杆底的反弹会碰到坚硬的沙子，很可能会打薄。相反，采用正常的沙坑球方式，但使用劈起杆（反弹较少），并且击球点更靠近球。你可以轻松地挥杆，球就会弹出来。唯一的区别是要考虑到球会有更多的滚动，因为这一击球的后旋会更少。

比利·加斯波尔

进阶

## 当球在沙坑垒下时将其弹出

大卫 · 汤姆斯

我把这称为我的“弹出式击球”。当我需要让球越过沙坑垒时，我会打开杆面并做一个大幅度的上杆。在下杆时，我加速通过球，但在球杆碰到边缘之前收杆。它会发出“砰”的一声，球就会飞出来。如果我需要打出很远的距离，我会用任何不超过 5 号铁杆的球杆来打这种球。

进阶

## 如何打出一记超短距离的沙坑球

布奇·哈蒙

1. 打开杆面：要正确做到这一点，先将杆面打开然后握住球杆。先用右手握住球杆伸出，将其旋转打开30或40度，握住左手，然后再加上右手。

2. 向后倾斜杆身：将球放置在站位中较前的位置，对齐你的前腿，并将双手明显地放置在球的后方。你想要在这个球后面几英寸的位置击球，所以让球杆头悬停在那个位置，而不是在球的上方。

3. 加速，然后停止：宁愿打过洞，也不要打得太短。向后挥杆约一半，然后猛击球后面的沙子。在腰部高度左右停止送杆动作。

3

进阶

## 在球道沙坑中打左曲球

### 里克 · 史密斯

如果你在球道沙坑中，距离旗杆的距离是全挥杆用挖起杆的距离，使用你打左曲球的技巧打球。这可以可靠地让你打上果岭——尤其是当你的比赛处于关键时刻。

首先，从那个距离击球时，选择比你通常所用的球杆大一号的球杆。这样如果你的击球不是非常完美，还能有一些容错空间。接下来，将球置于站位的中间，重心居中，稍微关闭杆面。瞄准目标右侧 15 码的位置，为左曲球（从右向左）的飞行轨迹留出空间。最后，做一个圆的上杆和下杆动作，让杆面在击球时翻转。让杆面翻转可以提高扎实击球的机会。

# 去健身房多练习沙坑站位

马克·韦斯特根

在击打沙坑球时，进入正确的姿势，并在击球过程中保持这个姿势是很重要的。但在很多情况下，对于大腿和臀部肌肉较弱的业余选手来说，保持这种姿势（膝盖大幅弯曲，臀部和肩部朝向目标打开）是很困难的。

尝试迷你斜坡侧身行走来帮助你打沙坑球。

拉伸带对腿部的阻力能够激活并增强臀部、腹股沟、股四头肌和臀大肌，这些对于在挥杆时保持稳定的基础至关重要，尤其是在快速挥杆时。

将迷你弹力带套在膝盖上方和脚踝处，然后进行小步侧身行走，保持腿部伸直，交替将肘部向后驱动。在整个过程中，要保持背部挺直，膝盖超过脚尖。

# 铁杆

一记出色的铁杆击球所发出的声音比高尔夫中任何其他击球的声音都更易于分辨。不管是你自己还是别人击球，即使不看球的飞行轨迹，你也能通过声音判断出用铁杆击球的效果好不好。我们之所以提到这一点，是因为尽管球杆设计有了很大的进步，但全挥杆铁杆击球仍然是你需要学习的所有击球中最不容有失的。诚然，如今的铁杆比你父亲使用的——甚至是 10 年前的——都要容易使用得多。但是，打出扎实的铁杆击球所需要的技能组合不容小觑。

最优秀的高尔夫球手通常被称为“第二杆球手”，因为他们技艺精湛，能够从糟糕的开球中恢复过来，并凭借精准的铁杆击球充分利用好的开球。能够从草地上用铁杆击球，使其接近目标，将极大地降低你的杆数。我们说的不是用铁杆打出直球，尽管那样会有帮助。你应该努力追求的是一种挥杆动作，能让你始终如一地扎实触球，并打出可预测的球飞行轨迹。需要明确的是，拥有漂亮的高尔夫挥杆动作不是坏事，但更重要的是稳定扎实地击球。对于铁杆来说，这比其他球杆更难，所以如果你能将相当大比例的练习集中在铁杆击球上，很有可能你的成绩会比以往任何时候都好。这些来自最优秀的球员和教练的练习窍门和打球策略将帮助你实现这一目标。

前页：

**优雅先生：**
在 2011 年美国大师赛上，弗雷德·卡波斯击球时的挥铁杆动作看起来毫不费力。

右图：

塞尔吉奥·加西亚挥杆顺序图

**20%** 一个 90 杆水平的球手在标准杆数内将球打上三杆洞的果岭的概率为 20%。巡回赛职业选手做到这一点的概率为 75%。

- 根据一项对器材制造商的民意调查，他们为普通业余选手推荐的最低杆面角度的铁杆是 4 号铁杆。
- 平均而言，差点为 10 的球手每一轮能成功将球打上 6 到 7 个果岭。而零差点的高尔夫球手能打上 11 个。
- 在对巡回赛职业选手的一项民意调查中，他们表示在铁杆挥杆时平均所付出的努力为 75%。

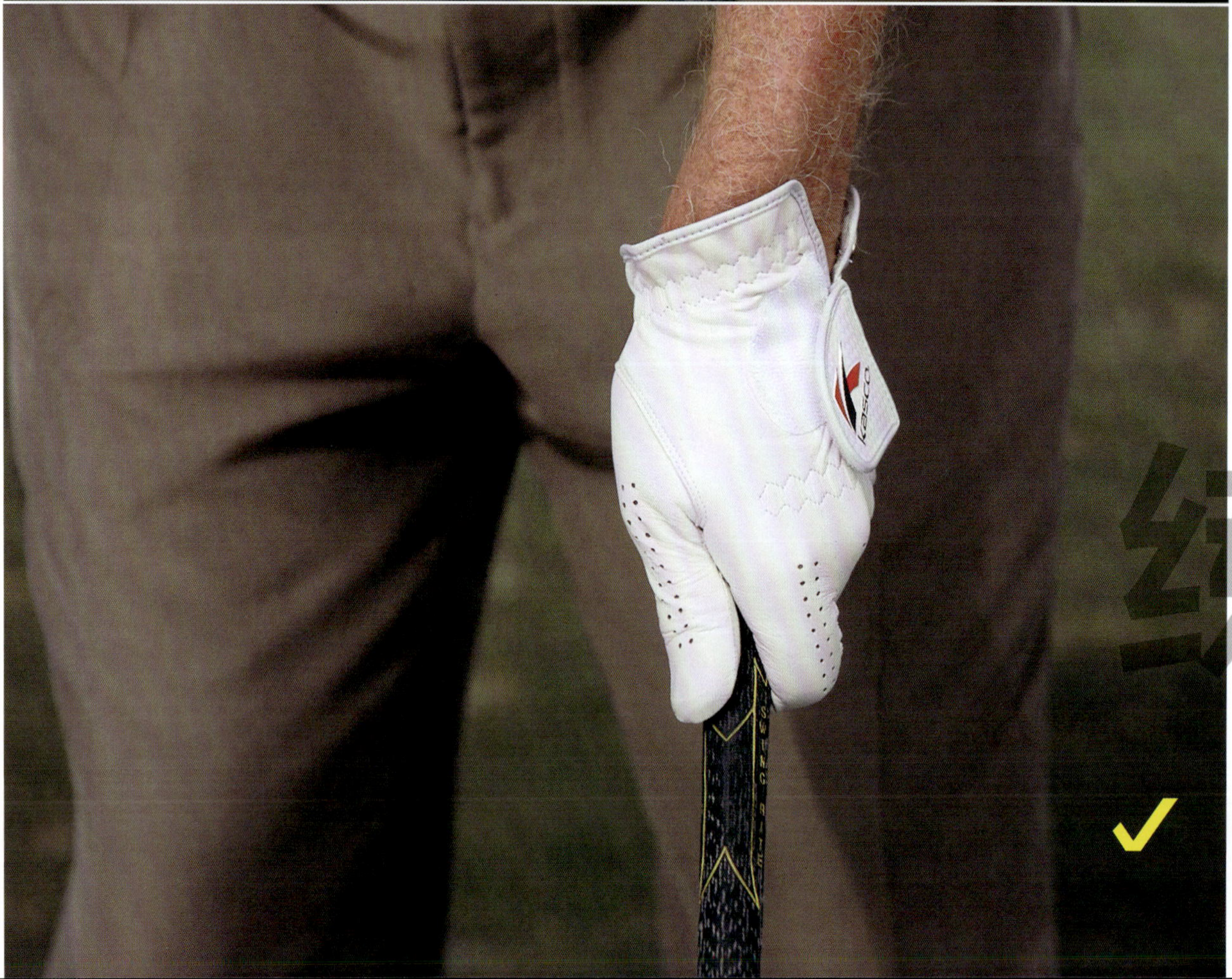

基础

## 如何握铁杆，检查你的V形手势

吉姆·麦克莱恩

在所有的基本功中，握杆或许是最重要的。良好的握杆对于控制杆面至关重要。给我看一个握杆不好的球员，我就能给你指出一个难以扎实且准确击球的人。我的高尔夫学校里，我在业余选手身上看到的最常见的握杆错误之一是，对于右手球员来说，球杆在左手手掌中放置过多。以这种方式握杆会使得在上杆时难以屈腕，在下杆时难以释放。

球杆的握柄应该斜着横跨在左手手指上。一定要在左手的手掌根部和最后三根手指之间牢牢握住球杆，以便在整个挥杆过程中提供支撑。另外，左手拇指应该放在杆身的右侧，与食指形成一个倒着的V形，这个V形指向球员的下巴和右肩之间。这为个性化你的握杆提供了一个宽阔的范围。如果想要打出左曲球，这个V形应该更指向你的右肩。

习窍门

基础

## 打造一个有力的挥杆平台

肖恩·福利

许多高尔夫球手只要改善他们的击球准备姿势就能打得更好。我在巡回赛中教的那些人准备姿势各不相同，但一个共同点是他们能感觉到脚下的地面。他们会进入这样一种姿势，即他们的双腿就像减震器，并且准备好利用地面来产生生力量。

他们实际上是用脚紧紧抓住地面。要感受下这一点，可以试着光脚挥几下杆。你的目标是在准备击球时感受脚下的地面，然后在挥杆时注意你的立足点。除非你站稳了，否则很难有力地控制挥杆。

练习窍门

职业选手会跟自己玩心理游戏，我也不例外。在我拉伸并热身后，我在赛前练习时先拿一支球杆而不是挖起杆开始。3 号铁杆对我来说差不多是球包里最难打的球杆，所以我先挥打它，一个适中的速度。

如果我有一两杆没打好，嗯，没什么大不了的。这本就是一支更难打的球杆。但如果我一始就直接打得非常漂亮，我的自信心就会增强。我觉得我今天状态不错！

这也有身体方面的因素。挥动几次较长的球杆能为我当天创造出节奏。我的挥杆动作得以展。大多数人一开始拿短球杆，并且做简短的挥杆动作。

汤姆·沃森

基础

## 如何顺畅地开始挥杆

保罗 · 凯西

这段话的意思是：当我感到紧张时，比如在重大赛事的周日，我往往会过快地上杆。你可以想象这对我在挥杆其余部分的节奏有什么影响。我也看到很多业余选手上杆太快，要么是因为他们急于完成挥杆，要么是因为他们认为更快的挥杆能帮助他们把球打得更远。记住，更快的下杆是件好事，但更快的上杆通常会导致节奏不佳。

当我感觉到紧张逐渐影响我的挥杆时，我就会想起我的教练彼得 · 科斯蒂斯给我的一个有助于设定理想节奏的练习。在练习场上，他会在我准备击球时把第二个球正好放在我的球杆后面，然后我做上杆动作，用杆头的背面把那个球从目标方向推开。这帮助我更宽、更顺畅地上杆，从而为有力的下杆做好准备。在练习场试试这个练习，然后在球场上进行模仿。

基础

## 用以下这个练习来改善你的上杆

汤姆·沃森

在挥杆顶点时进入一个良好的位置很重要，因为这能让你从目标线内侧对球做出正确的下杆动作。要了解在顶点的良好位置是什么感觉，一个简单的方法是做这个简单的练习：像平常那样准备击球，弯腰，手臂和膝盖微微弯曲。然后，在保持准备姿势的同时，抬起球杆并将其放在你的右肩靠近脖子的位置，肘部弯曲并靠拢。现在，像你做完整的上挥杆动作那样，将肩膀和臀部从目标方向转开。当你的转动完成时，简单地将你的左臂伸直，直到几乎伸直。

在高尔夫运动中，向下往往意味着向上。当你不幸落到打痕中时，这一点再真实不过了。要从草痕中打好球，只能向下击球。准备击球时保持杆面方正，双手稍微靠前，并且将球置于站位靠后的位置。做一个正常的挥杆动作，但在向下挥杆时一定要把重心放在左侧。并且绝不能让右手超过左手。左手起到引导作用，在击球过程中必须保持稳定。球飞出去的高度会比正常情况低，倒旋也会较少，所以要考虑到这一点。

拜伦·尼尔森

基础

## 用下半身来带动下杆

托德·安德森

下杆始于轻微的横向移动，将左膝和左髋移到左脚上方。这种向前的移动导致手臂下落，使右肘回到右髋前方的位置。你的皮带扣应该指向球，但你的肩部仍应朝向目标关闭。向前的移动由下半身完成——你的头部保持在球的后面。抑制住从顶点丢出球杆的冲动，在下杆开始时保持手腕的弯曲。想象一下空手道的劈砍动作，你的手从内侧挥动，手臂横过胸部。

现在你处于挥杆顶点的良好位置。只要有机会就练习这个动作——你甚至可以在家里对着镜子练习——这样当你上场打球时，挥杆进入正确的上杆位置就会感觉像是自然而然的事情。

装备

# 偏置铁杆适合你吗？

迈克 · 斯塔胡拉

偏置：这是个不太好听的词。然而，高尔夫球手一直被教导要喜欢铁杆中的偏置，因为他们被告知这有助于他们把球打得更直。对于偏置的实际作用存在很多误解。大多数球杆专家表示，偏置铁杆对于业余选手来说更容易扎实击球，因为球杆面的设计使得它自然滞后于杆身——这对于扎实击球是理想的。但这取决于你的挥杆形状，球的高度和方向会有所不同。如果球员有很大的杆头滞后——意味着双手在击球前远远超过球的位置——那么使用偏置铁杆时，球通常会飞得更低且更偏左。而挥杆呈捞球式、滞后较小的球手通常会打出高弹道的击球。这是你在购买前需要考虑的事情。

标准杆　　偏置杆

挥杆技巧

风在这项运动中是非常重要的一部分。当风非常大时，我会加宽站姿，并将球位放得更居中。我还会缩短挥杆以减少球的后旋。球旋转得越多，它向上飞起的幅度就越大，你就会损失距离。最后，记住选择更大号的球杆并且轻松挥杆。

佩恩·斯图尔特

装备

## 要小心握杆太轻

史蒂夫·埃金顿

糟糕的握杆力，无论是太轻还是太紧，都会从你的双手传导到身体的各个部位，让流畅的挥杆变得不可能。业余选手往往倾向于握杆太轻；山姆·斯尼德的格言说你应该像握住一只鸟那样握住球杆，这毁掉了很多人的挥杆。杰基·伯克说，斯尼德没有告诉你的是，这只鸟是一只鹰。要知道，斯尼德的手力非常强，所以对他来说握杆压力为“2”，对你来说可能是“9”。

如果你的手部力量一般但握杆太轻，你会在挥杆过程中本能地握紧球杆，从而打乱你的节奏。那应该握多紧呢？你应该能够连续击打五个练习球而无需重新调整握杆。虚弱的手指是可以得到强化的。本·霍根通过挤压网球来锻炼；亨利·科顿喜欢尽可能长时间地悬挂在金属杆上。记住，对球杆的控制取决于你的双手。

基础

## 专注于扎实击球

斯图尔特·辛克

大多数业余选手在打铁杆时最大的问题是他们挥杆太用力。他们试图用 7 号铁杆打出 170 码的左曲球，但失控的挥杆却打出了 130 码的右曲球。如果你把注意力转变为试着用更轻松一点的挥杆将球击打到杆面的中心，我保证你会打出更多高质量的铁杆球。

保持头部稳定将有助于你更频繁地击中甜蜜点。这是我从小就做的一个练习：我会让人在我头部旁边拿着一根杆子。如果我在挥杆时头部移动了，它就会弄乱我的头发（是的，我知道，那时候我还有头发）。和朋友一起试试，并且在打球时记住保持头部稳定。

进阶

## 手指关节向下打出出色的铁杆球

吉姆·麦克莱恩

你是否曾想过为什么 PGA 巡回赛球员能用 7 号铁杆打出 180 码，而你只能打出 140 码？技术和挥杆速度与此有很大关系，但最大的原因是巡回赛职业选手能够通过进入有力的击球位置，将其 7 号铁杆的杆面角度调整得像 5 号铁杆那样。当然，职业球员并不经常这样调整球杆，但他们在每次打铁杆时确实会在一定程度上降低杆面角度。要理解这一点，我们可以关注一下手腕的动作。保持手腕的弯曲和角度是降低杆面角度并产生穿透性飞行的关键。

要降低铁杆的杆面角度，你（右利手）必须在击球时保持左手腕弯曲。当你身体的大块肌肉在击球过程中向左旋转时，你左手的指关节应该朝向地面。这会让你处于一个很好的位置来进行向下击球，此时的杆面角度会比你准备击球时小。许多高差点球手的做法恰恰相反：他们左手腕呈凹状，指关节朝向天空以将球托起。这会导致击球无力。尝试弯曲你的手腕，看看会有什么不同。

进阶

## 使用杆头套来改善你的挥杆路径

汉克·哈尼

挥杆路径问题在这项运动中很常见：许多球员过挥杆顶点后从外向内切球；另一些则过多地从内向外挥杆。路径错误的问题在于，你自己往往不容易发现。而且当下杆速度最快时，也很难确切地感觉到到底发生了什么。

当你努力改进挥杆路径时，给自己一个引导是很好的做法。在球外一两英寸的地方放置一个柔软的一号木杆头套，在准备击球时能给你一个视觉参考，而且存在一个障碍物——即使是柔软的——也会下意识地促使你改变挥杆路径以避开它。如果你试图纠正从外向内的挥杆，把杆头套稍微向后移，在下挥杆时错过它。要纠正从内向外的挥杆，把它向前移，在击球后错过它。

进阶

## 移开你的髋部以获得更多的力量

马特 · 库奇

在铁杆球中，髋部动作极其重要。在下杆时，关键在于我的左髋部——实际上，是左膝、左大腿和左髋部。我想要感觉到它们移开，或者向左转动，这样我的右侧就能有力地驱动。从挥杆顶点开始，我的髋部会朝着球猛推，这会使球杆往下掉然后导致球杆在太内侧，打出右直球或左曲球。现在，我想着把左髋部推向左外场，然后朝身体后面转。这能让球杆以陡峭的角度挥下，这样我就能真正地将球从地面上挤压，打得更远。

进阶

## 改善你的右曲球

大卫·利百特

你打出很多右曲球的原因是击球瞬间你的杆面是打开的。问题可能出在你的上杆动作。许多打右曲球的人在上杆时将杆面打开，导致在顶点时处于一个无力且开放的位置。这迫使他们从目标线外侧向下挥杆，试图让杆面回正，但结果却是打出右曲球。这听起来和你的情况类似吗？为了在击球瞬间让杆面回正从而击出更直的球，在上杆开始时让杆面朝向球。然后，当你挥杆到顶点时，让杆面指向天空。做到这两个位置将极大地提高你从内侧向下挥杆并在击球瞬间让球杆回正的机会——你甚至可能开始打出小左曲球。

达斯汀·约翰逊在 2011 年英国公开赛皇家圣乔治球场的首轮比赛中成功从长草区击球。

数据

# 你一杆进洞的概率是多少？

弗朗西斯 · 施奈德博士

| ● 概率 | ● 完成它所需的轮数 |
|---|---|
| 巡回赛球员打出一杆进洞 | |
| 1/3 000 | 900 |
| 低差点高尔夫球手打出一杆进洞 | |
| 1/5 000 | 1 250 |
| 普通高尔夫球手打出一杆进洞 | |
| 1/12 000 | 3 000 |
| 巡回赛球员在指定球洞打出一杆进洞 | |
| 1/14 000 | 14 000 |
| 低差点高尔夫球手在指定球洞打出一杆进洞 | |
| 1/20 000 | 20 000 |
| 普通高尔夫球手在指定球洞打出一杆进洞 | |
| 1/48 000 | 48 000 |
| 普通高尔夫球手普通球员在 150 码外打出一杆进洞 | |
| 1/80 000 | 23 000 |
| 普通高尔夫球手普通球员在 200 码外打出一杆进洞 | |
| 1/150 000 | 40 000 |
| 两个普通球员，同一四人组，在同一个球洞打出一杆进洞 | |
| 1/1 700 000 | 1 700 000 |

进阶

## 使用长铁杆时要想着“长且松弛”

杰夫 · 奥格维

我从来都不觉得打长铁杆有什么难的。有些人能打好8号铁杆，却打不好4号铁杆，这让我很困惑。我甚至还有2号铁杆，但对大多数人来说，当我说长铁杆时，我指的是4号、5号和6号铁杆。我认为大多数业余选手的问题在于，他们试图打出每支球杆的最远距离，而且他们根本不清楚自己实际击球的距离有多短。比如说，到旗杆的距离是160码。他们抽出6号铁杆，试图用力击打，而这时他们应该用5号甚至4号铁杆。当我选择球杆时，我总是尽量选择比我需要的更大号的球杆，然后轻松挥杆。用铁杆击球时，击球越轻柔，效果越好。所以关于击打长铁杆，我的第一条建议是不要试图用力猛挥杆。轻柔击球绝不会让你看起来愚蠢。

我尽量在上杆时背对目标，这能让球杆面在击球时更容易方正。我知道有些人不能像这样转身，但尽量多转。另外，在挥杆顶点时，要保持握杆压力轻。我想要一些宽度（双手和头部之间有一定距离），但不能因为握杆太紧而产生紧张感。

基础

## 关注你击球前的准备流程

李 · 韦斯特伍德

以下是我对于建立一个可靠的击球前准备流程的建议：我知道这听起来可能有点奇怪，但如果你已经准备击球但还没轮到你，这可能会打乱你的节奏。所以，即使我知道我要用哪支球杆，我也不会从球包里拿出来，直到我可以马上击球。这会拖慢比赛节奏吗？如果你从那时起果断行动就不会。

站在球的后方，选择一个具体的目标——比如一棵树、沙坑的边缘，甚至是旗杆。这将帮助你做好准备并专注于击球。如果你对目标只有一个模糊的概念，就很难做出坚定的挥杆。当你走向击球位置时，眼睛要一直盯着目标。如果你把目光移开，在准备击球时就很难正确地调整身体的位置。那些一开始准备击球流程就站在球旁边的球员通常瞄准得不是很好。当你准备击球时，过一遍清单是没问题的——比如握杆压力、姿势、瞄准与站位方向、挥杆思路等等。但当要开始上杆时，忘掉所有那些，只专注于一个想法。这可以是你刚刚选定的目标或者挥杆的目标。对我来说，就是要顺畅地开始挥杆。

打球策略

基础

## 简单做球的方法
大卫 · 利百特

对于击出右曲球（对于右手球员，球从左向右侧旋）和左曲球（从右向左侧旋），有不少不同的方法。其中最简单的方法之一是在击球时控制肩部的运动。

如果你想打右曲球，你的右肩应该向下和向内运动。想象你的肩部像摩天轮一样垂直旋转。这有助于在击球瞬间使杆面略微打开——形成向右的曲线。

如果你想打左曲球，你的右肩应该保持高位并朝着目标旋转。想象你的肩部像旋转木马一样水平旋转。这会促使杆面在击球瞬间关闭——形成向左的曲线。

基础

## 从长草区打出右曲球
厄尼 · 艾尔斯

在长草区击球是职业高尔夫球运动中的常事。如今的巡回赛球场设置得非常困难，对于错过球道的开球处罚很严厉。你所打的一些球场也没什么不同。你必须知道如何判断球位，并在从长草区击球时权衡风险。

如果你不确定能否干净利落地用球杆打到球的后面，小右曲球是个很好的选择。把球在站位中稍微往后放，当你选择目标时，要考虑到会有一些从左到右的侧旋。打开杆面也会给你增加一些杆面角度，这在高高的草中很有帮助。

在长草区不要过早释放球杆。如果你不像我在这张图片中这样保持角度，你就会与草有过多的接触，并损失杆头速度。要抵制把球捞出的诱惑。相反，要依靠球杆的杆面角度和打开的杆面来完成击球。

由于草和打开的杆面，我从长草区击球时会多用一号球杆，除非球位于干燥的草顶之上。在那种情况下，我会使用更大的杆面角度，挥杆更轻柔，以大约 70% 的力量击球，以避免球飞过果岭。

基础

## 制造更陡峭的挥杆路径避免从长草区击球过深

布奇·哈蒙

从长草区击球过深是上杆的问题。如果你正常挥杆，在上杆时让球杆贴着地面过低，那么下杆时就会过于扁平，打到球后面的草。

为了避免这种情况，上杆时更快地屈腕，做一个较陡峭的上杆动作。这一个陡峭的下杆路径会更干净地击到球。

在浓密的草丛中打右曲球也是个好主意，因为正常的释放动作，杆面闭合，可能会导致草缠住杆颈并关闭杆面。所以在准备击球时稍微打开杆面，瞄准左侧，并在击球时保持手腕稳固。你会扎实地击球，并打出小右曲球。

要培养正确释放的感觉，摆出准备击球的站姿。用左手握住球杆。右手拿一个球，将右臂向后摆动到上杆顶点的位置，然后将球从左臂下方、球杆内侧向前抛出，此时球杆仍保持准备击球的位置。那种转动身体并将右臂朝向目标伸展的感觉，就是你击球时想要复制的感觉。

**戴维斯·洛夫二世**

进阶

## 如何打出更高或更低的铁杆球

### 乔纳森·伯德

有时候，除了方向，你还需要特定的球飞行轨迹。要打出高球或低球，请记住：在你的站位中，球在准备姿势时越靠后，球飞得就越低。

但你不应该将球向前或后移动得太远，因为这会影响球的路径。例如，球位太靠后会使球飞向目标的右侧。我不会让球的位置改变超过三到四个球的宽度。

装备

# 钢杆身并不适合所有人

迈克 · 斯塔胡拉

相同弹性的钢铁杆杆身和碳素质铁杆杆身有什么区别？为了研究消费者的这个难题，我们让差点为5的球手击打两支7号铁杆——一支是钢质的S硬度杆身，另一支是碳素质的。我们的差点为14的球手也做了同样的事，只不过他用的是R硬度的钢杆身和碳素杆身。

钢质杆身对差点为5的球手效果最佳。他的击球飞行距离平均多出8码，而且球的分布更紧密。相反，差点为14的球手使用碳素杆身的7号铁杆时击球更精准，平均击球距离远了3码。另一个好处是：使用碳素杆身时，他的最高飞行高度高出2.5码。

碳素杆身的弯曲点通常比钢质杆身低，所以它们往往会将球打得更高。”国际球杆装配师专业协会主席迈克·迪克森说。“一般来说，挥杆速度在95到100英里/小时的球员可以选择碳素杆身或钢质杆身。我经常问人们他们是击球型还是挥杆型选手，以帮助他们做出决定。击球手就像耶斯佩尔·帕内维克那样，节奏很快，用力击球。我会引导这类人选择钢质杆身。然而，挥杆者，或者节奏更像弗雷迪·卡波斯的人，我会引导他们选择碳素杆身。

钢质和碳素的区别取决于挥杆的人。

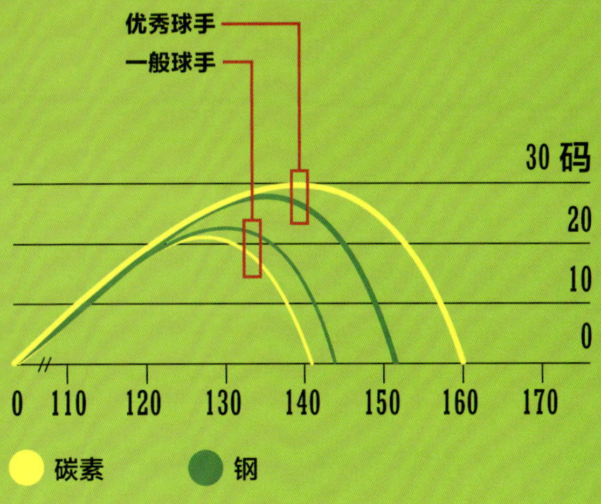

健康

# 如何克服高尔夫球肘？

罗恩 · 卡斯普里斯克

肘部内侧或外侧肌腱的肌腱炎，尤其是主导肘部（称为网球肘或高尔夫球肘），是一种常见的高尔夫球损伤。在挥杆较陡峭的业余球手中尤为普遍，因为球杆会更猛烈地撞击地面，产生的冲击波会沿手臂向上传递。以下是一些治疗肘部周围肌腱炎症的小贴士：

1. 首先在肘部敷冰（每小时不超过 15 分钟）。

2. 睡觉时，在手腕上戴一个护具以固定手腕，这样从手腕连接到肘部的肌腱就可以放松。

3. 服用抗炎药，如布洛芬或萘普生钠。

4. 一旦炎症消退，进行前臂强化练习。

进阶

## 下坡球位？重心保持在前脚掌

汤姆·沃森

我的经验是，在大师赛中你很少能看到平坦的球位。在五杆洞的第 15 洞如果你选择过渡一杆，得到的下坡球位就是一个典型的例子。我在那里经常选择过渡一杆，尤其是在逆风的时候。如何从下坡位击球？沿着坡向下挥杆。要做到这一点，加宽你的站位，把球放置得更靠后，让你的肩膀与斜坡平行。如果你是右撇子，你的左肩应该低于右肩。

现在重要的部分是：你的重心应该支撑在左脚上。向后挥杆时轻微地将重心移到右边是可以的，但在整个上杆过程中，你的重心应该始终保持在中心偏左的位置（在你的左脚背上）。

人们往往会向后倾斜并打到球后方的草，所以要专注于先击球，并在球的前方削起一块草皮。因为这种击球往往飞得更低且滚动更多，所以用右手更快地抬起球杆，并进行更陡峭的挥杆以获得更多的杆面角度。在短距离击球时，我甚至会打开杆面。

进阶

## 上坡击球时前移你的身体重心

吉姆 · 麦克莱恩

在上坡球位攻果岭时，正确的策略首先是至少用大一号球杆——对于更陡峭的山坡甚至用大两号。应该照着果岭后沿的距离打。你很少会把球打过果岭。还要注意视觉差，比如大的果岭前沙坑或者只能看到旗杆顶部，因为它们会干扰你的距离感知。

当涉及到挥杆本身时，人们往往会靠在右侧，试图帮助球挑上到果岭。要反其道而行之：将重心向前驱动并送杆。把它想象成一个平坦的球位，只是要打满更远的距离。

进阶

## 球低人高时臀部以上要前倾更多

托德·安德森

当球停在你脚下的坡上触碰地面时，杆头往往会在杆跟处。抬高握把，使杆头的趾部着地。下坡的地面实际上缩短了球杆。从臀部开始更多地前倾身体，并将上半身向前倾斜以够到球。杆身会更垂直。当你挥杆时，球杆更多地上下移动，杆面旋转较少，这可能会打出从左向右的击球。为了适应这种向右的弯曲，瞄准时要更偏左。预计球的飞行高度更高，滚动更少。

在好的握杆中，双手要作为一个整体发挥作用。为了确保自己能牢牢地双手握杆，左手握杆的姿势要绝对正确：将球杆置于左手，使杆身紧压在手掌内侧指跟处的肌肉垫下，并且杆身直接横跨在食指的第一个关节上。

现在，先将左手握住球杆——在合拢拇指之前先合拢手指——球杆就会处于应在的位置。右手的正确握法是用手指握住球杆，而不是用手掌。中指和无名指施加的压力最大。

本·霍根



心理提示

## 标准上果岭率是数据中的数据率

约翰尼·米勒

如今，PGA 巡回赛的球员及其球迷有数量多得令人眼花缭乱的统计数据可看。但对于高尔夫球手一轮比赛的一项衡量标准总是比其他任何标准都更有意义一点：标准上果岭率。

在 20 世纪 70 年代和 80 年代初我的鼎盛时期，当球员们在一天快结束时碰面，对话总是从一个问题开始："你今天打上了几个果岭？"这个答案并不能说明全部情况，但当你把它和一个人的成绩结合起来，就能说明大部分情况。如果一个人标准地上了 15 个果岭，但打出了 74 杆，这意味着他的长杆打得不错，但推杆很差。如果他标准地上了 11 个果岭，却打出了 69 杆，这意味着情况相反——他球到处乱飞，但切球和推杆像冠军一样出色。我认为标准上果岭率这个数据是职业选手甚至业余选手都应该首先关注的。每一轮多标准杆上 3 个果岭，你的成绩就会显著提高。

进阶

## 当球处于脚的上方时，向下握短球杆

布奇 · 哈蒙

这个球位让球更靠近你，所以你自然要站得稍高一点。向下握短一两英寸，以适应到球离身体的距离。把身体重心更多地放在脚趾上；记住，重力会把你往坡下拉——在这种情况下，会拉向你的脚跟。

从这种高位站势，挥杆动作会更平，或者更像是围绕身体旋动的棒球挥杆。这会在击球过程中产生更多的手部和手臂旋转，杆面在下杆时会以更快的速度关闭。当球位于双脚上方时，球往往会打向左边。

进阶

## 顺风时大力击球

汤姆 · 沃森

当面对顺风攻果岭球时，实际所需要的调整比许多球员所做的更多。你几乎总是要考虑到比你想象中更强的风力。球会飞得更远、更低，落地后滚动得也更多。有时如果果岭前方开阔，你需要让球落在果岭前。

在一次英国长青公开赛中，皇家阿伯丁高尔夫球场的第 12 洞就是一个球顺风滚动的例子。第一天，我用 6 号铁杆击球，球飞了大约 240 码。接下来的两天，我在同样的顺风情况下用 7 号铁杆击球，这是正确的选择。球落在距离果岭 30 码的地方，大概又滚动了 50 码。

顺风球的关键在于全速挥杆，让球有更多倒旋、飞得更高。这很难做到，因为风会压低球的飞行轨迹，尽管球在顺风时加上滚动会飞得更远。而且如今顺风球更具挑战性，因为新球的倒旋更少。因此，加快你的挥杆速度——保持控制——以产生更多的倒旋。逆风时挥杆轻松些；顺风时用力挥杆。这是相反的策略？没错。并且要记住球的滚动。考虑将球打到果岭前沿，或者如果果岭前方开阔，打到果岭前。

进阶

## 当逆风时要打低飞球

帕德里克·哈灵顿

来自爱尔兰的我很快就学会了如何低击球。在大风中，这是控球的唯一方法。

低击球可能是我最擅长的击球方式，但在这个国家可能没用。对着坚硬、快速的果岭打低飞球没有意义，所以在击球前要考虑球落地后的情况。如果你认为球无法在果岭上停住，那就打得高一点。

我建议选用比平时大一号的球杆，并向下握一到两英寸。球飞行的距离会和用短一号的球杆时相同，但长球杆较低的杆面倾角会使击球更低。你挥杆时需要站得离球稍近一点，以保持人在球的上方——我会在下面解释这一点。对于中铁杆，将球置于站位的中间，甚至更靠后一点，这样你就能在减少杆面倾角的的位置击球。

做一个四分之三的上杆和四分之三的收杆，专注于保持在球的上方。我的意思是，在挥杆通过击球点时，感觉就像用胸部覆盖住球。这将帮助你把球压向草皮，降低球的飞行高度。

另外，别忘了练习这种击球。你不能指望每两周才打好一次这种击球。在练习场，也要记得打一些这种低球。

进阶

## 如何在极短草球位的情况下扎实击球

尼克 · 普莱斯

在极短草球位上用中或长铁杆很难打出高球并让球轻柔着地，要是把球在站位中放得太靠前，就会有击球过深的风险。成功率较高的打法是我的低飞小左曲球：一种低弹道、从右向左的球，能让球落地时滚动。瞄准目标的右侧，做四分之三的挥杆，并试着将球压向草皮。这种击球方式容错性更强，因为要打出左曲球，你必须从目标线内侧沿着比平时更浅的路径向下挥杆。如果你没有准确击到球，球杆也不会像以更陡峭的角度击向坚硬地面那样从草皮上弹开。相反，你的杆头会沿着草皮擦过，所以你可能会把一个一般的挥杆变成一个好球。打我的低飞左曲球的最大优点是，较浅的击球角度为你提供了更多的容错空间，尤其是在球位草极短的情况下。你不必完美地击球也能打出不错的一杆，因为球杆在击球区停留的时间更长。

要击出这种球，将球置于站位靠后的位置，在球杆向下握一英寸，然后比平时更向内侧上杆。在准备击球时，你甚至可以将后脚向后撤一英寸，以帮助形成这种内侧的路径。通过从内侧开始上杆，你将为球杆从内侧下杆留出空间，而不会受到身体的阻碍。

锻炼窍门

# 通过髋关节交叉运动改善你的铁杆球表现

马克·韦斯特根

如果髋关节不够灵活，你就无法让身体带动击球，也无法保持正确姿势，而这两点对于用铁杆扎实击球非常重要。髋关节交叉运动将有助于提高髋关节的活动范围，并有助于减轻由于髋关节僵硬给下背部带来的压力。

要进行髋关节交叉运动，仰卧在地上，双臂放在身体两侧，膝盖弯曲，双脚间距宽于肩宽，脚跟着地。现在，将弯曲的双腿向左扭转直至触地，然后再向右扭转。持续交替进行，每侧大约扭转 8 – 10 次。保持肩部着地，腹部收紧。你应该能感觉到髋关节和下背部在拉伸。

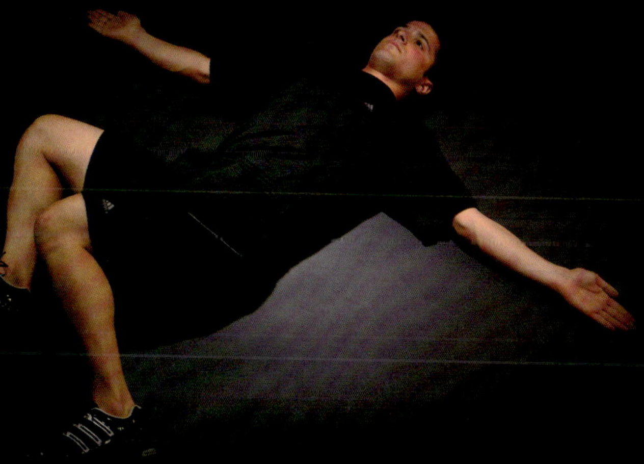

# 木杆/

# 铁木杆

也许自从现代高尔夫球发明以来，高尔夫装备方面最大的发展就是铁木杆广泛出现。它们被称为铁木杆或小鸡腿，是因为它们兼具铁杆和球道木杆的一些特点，而且与它们旨在取代的球杆——即2号、3号和4号铁杆相比，容错性极高。

铁木杆还帮助了改进球道木杆的设计，以保持其对业余球员的相关性和需求。和现代的一号木一样，球道木杆变得更大更轻，有些甚至有可调节的杆头，以便让那些容易打出右曲球或左曲球的球员能够将球打直。

如今，一套标准的球杆可能包含几根球道木杆和几根铁木杆，因为对于高差点的高尔夫球手来说，这两种球杆都更容易使用。更低的重心和浅面设计甚至能帮助新手初学者将球从草地上打起并使其飞起。而且它们在发球台、球道沙坑甚至浓密长草区的表现，让使用长铁杆都变得过时。

当高尔夫球手需要击出又高又远的球时，铁木杆和球道木杆都是有效的工具，但掌握这两种球杆的关键是要做出一个长、慢、耐心的挥杆动作，让它们发挥出它们本身的作用。以下是一些关于如何使用铁木杆或球道木杆的建议。

前页：

**橘色迷恋：**

瑞奇·福勒在2010年纪念锦标赛上用一记球道木杆击球时，身着他原来所在大学——俄克拉荷马州立大学的代表色服装。

右图：

泰格·伍兹挥杆过程

**200码** 很大程度上得益于铁木杆和更具容错性的球道木杆，业余选手能够有合理机会击球上果岭的最远距离。

- 铁木杆和球道木杆可用于十多种不同的击球，包括切球、球道沙坑球、低飞球、保守的开球等等。
- 在美巡赛中，从200码或更远距离击球上果岭的平均成功率为44%。最高成功率为58%。
- 对于平均挥杆速度（95英里/小时）而言，用3号木击球的飞行距离仅比用一号木击球少14%（15码），同时打上球道的准确性提高25%。

基础

## 站直且放松，但要有力

杰克 · 尼克劳斯

以下是我解释关于站姿的想法的最佳方式：像平常那样站直；现在放松双腿。从上半身腰部微微前倾。不要弯曲或挺直上半身，只需放松。现在握住球杆，放松肩部。手臂自然下垂的位置，就是球杆应该在的位置。

我希望我的背部相对挺直，臀部稍微向后，手臂放松并自然下垂。我还希望下巴抬起，这样在头部稳定的情况下，左肩转动时就不会受到限制。没什么特别复杂的。

练习窍门

基础

## 球座高度对于铁木杆和木杆来说很重要

汉克 · 哈尼

他们规定一轮比赛中你只能在发球台击球 18 次是有原因的：这样击球更容易。当你有机会把球放在球座上时，要充分利用这个机会，尤其是在三杆洞的时候。

当你为铁杆或铁木杆击球准备球座时，你是在防止草夹在杆面和球之间，这让你能更好地控制距离和方向。每当击球时任何东西（比如草叶甚至是清晨的露水）夹在球杆和球之间，球的后旋就会减少，所以它的表现就不那么可预测。

一般来说，铁杆击球准备时，要将球放置在略高于地面的位置。看起来应该像是球坐在发球台短草的顶部。对于铁木杆，将球放置得稍微高一点，大约高于地面半英寸。铁木杆的底部加重更多，你希望这个重量位于球下方，从而充分利用其技术。当你使用球道木杆时，插入球座，使球的四分之一高于杆面。

一定要根据你的挥杆习惯对这些准则进行调整。在你的杆面上贴一块击球贴，然后从球座击球几次。如果你击球时在杆面上的位置有点高或低，调整球座的高度以帮助你扎实击球。

装备

# 选择正确的球道木杆

E. 迈克尔 · 约翰逊

在过去的十年里，职业高尔夫已成为一项力量型运动，装备重点在于像“飞天法宝”一样飞的高尔夫球以及像平底锅一样大的一号木杆。然而，球道木杆所起的作用却较少受到关注。悄无声息地，球道木杆已经从用于在五杆洞和长四杆洞攻上果岭的球杆，在很多情况下变成了第二支一号木杆。正因如此，三号木的杆面角度的下降速度比政客的支持率还快。大多数携带三号木杆的球员现在使用的杆面角度都小于15度——尽管多年来这个数字一直是标准杆面角度。

尽管如今低倒旋的高尔夫球似乎使得低杆面角度不太理想，但事实是，低杆面角度的球道木杆更适合现代巡回赛职业选手的挥杆，这种挥杆能产生较高的球速，同时有足够的倒旋使球保持在空中。标准的15度球道木杆可能会产生过多的倒旋，球可能会飞得比球员期望的更高。简而言之，使用这些球杆时的弹道比以往任何时候都更重要，因为现在它们在发球台上的使用频率几乎和在草地上一样高，有时甚至更高。

然而，低杆面角度的球道木杆并非适合所有高尔夫球手。实际上，这可能是你不应该效仿职业选手的一个方面。《高尔夫文摘》使用 TrackMan 雷达跟踪设备进行的一项研究表明，挥杆速度为 85 英里 / 小时的人使用 17 度的 4 号木杆比使用 13 度的 3 号木杆时，其弹道高度增加了 3 码，飞行距离增加了 5 码。

原因是：4 号木杆较短的杆身使其更容易扎实击球，而增加的杆面角度在那种挥杆速度下能产生保持球在空中所需的更多倒旋。不管杆面角度低与否，有效的球杆总是受欢迎的。

基础

## 用球道木杆扫过草地

洛雷娜·奥乔亚

我总是试图在两杆内攻上五杆洞，因为我知道自己能打出干净的球道木击球。秘诀很简单：上杆和击球后将杆头保持靠近地面。这样能确保充分释放杆头，使杆面在球的中线下方击球，将球高高击向空中。

基础

## 别再打薄你的 3 号木杆了

布奇 · 哈蒙

在极短草的草道位置用3号木杆击球会让很多高尔夫球手表现糟糕。因为这种球杆的杆面角度不大，他们觉得必须要帮助球飞起来。这种心态导致他们身体重心留在右侧，向上挥杆击球，甚至翻转双手来帮助球升空。问题在于，这些动作实际上产生了相反的效果：球杆在上挥时触球，结果他们打薄了球。

要想用球道木杆扎实击球，就要以下降击球的方式，轻刮草皮甚至带起一小片草皮。要做到这一点，你必须将身体重心转移到前侧，并让挥杆轨迹穿过球，让手臂充分伸展。一个好的提示是，想着挥杆到完全收杆，而不是想着击球。一旦你开始扎实地击球，你就会意识到球杆有足够的杆面角度将球击向空中。所以离开右侧，完成送杆。

Titleist

基础

## 怎么打铁木杆

汉克 · 哈尼

铁木杆取代了你球包中的长铁杆，所以你往往会用铁木杆做和用 3 号或 4 号铁杆相同的动作——却忘记了最初为什么要替换掉那些球杆。击打铁木杆的主要规则是，挥杆的顺序和力学原理要与你用 7 号铁杆时相同。

常见的冲动是移动手臂和双手更快，以产生更多的速度，并试图将球举到空中。这是没有必要的。

相反，要充分转动肩部，并挥杆至完全收杆，让你的臀部和肩部朝向目标。确保收杆时后脚（右脚）所有重心移动到右脚大脚趾上，这是你完整收杆的标志。要相信球杆的杆面角度能将球击到空中。当你停止肩部转动时，挥杆的底部会移动到球的太后面。这会导致击球过深或过薄。

装备

## 何时你应该用铁木杆来替代铁杆？

E. 迈克尔 · 约翰逊

使用 TrackMan 的球路飞行分析，我们测试了中等差点的球员击打长铁杆和相应的铁木杆的数据。平均而言，我们测试的球员击打 4 号铁杆和 4 号铁木杆的距离大致相同（180 码），3 号铁杆仅远 4 码（184 码）。但 3 号铁木杆能达到 192 码，使其成为 3 号铁杆的理想替代品。

查看图表以获取更多我们测试的数据。

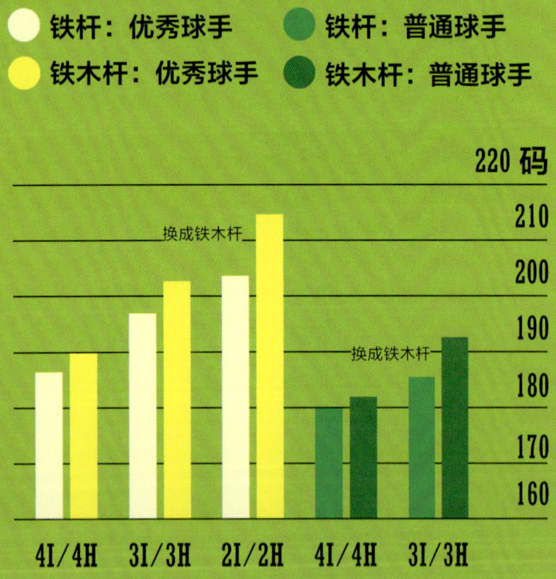

基础

## 稳定下盘来打铁木杆

吉姆·弗利克

鲍勃·托斯基和杰克·尼克劳斯在我教学和打球的方法上发挥了重要作用。尽管他们的体型和高尔夫挥杆动作截然不同，但他们都告诉我宽站位比窄站位更好。我发现这在使用较长的球杆以及在长草区击打铁木杆时尤其正确。

一个比你的肩膀略宽的站位能为你提供一个稳定的平台，在此之上你可以转动上半身。它能促使你的髋部在整个挥杆过程中保持方正；当你的站位太窄时，左髋很可能会下沉，从而导致击球失误。它降低了你的重心，因此在风中打球会更容易——你不太可能被风吹得失衡。

在准备击球时，将右膝略微向内倾斜，并且在挥杆至顶点时保持这个姿势。你会发现这能增强稳定性、形成正确的击球角度，并始终保持扎实的击球接触。

挥杆思考

在2006年美国银行锦标赛第一轮的前九洞，我打出了26杆的成绩，创下了巡回赛九洞成绩的纪录。我的八个小鸟球中有两个来自远且困难的四杆洞。那一周的不同时间，我在这两个洞都用23度的铁木杆击球，我不确定如果没有它，我是否能打得这么好。这确实是一支神奇的球杆，我能用它打出180到210码远的距离，但我确实得掌握击球的诀窍。你必须稍微向下击球，就好像你在击打7号木杆一样。通过击球时浅擦草皮，你能击出更好的球，获得更稳定的飞行路线，并且在弹道上有更多变化。

科里·帕维

## 铁木杆或木杆：学会向下击球而非向上抬球

兰迪 · 史密斯

要确信你的球杆有足够的杆面角度能让球飞起而无需任何上抬动作，最好的方法是你自己去证明。在练习场上，将一个球放在一个浅的草痕中间，练习打球道木杆或铁木杆。一开始你可能会击出一些滚地球或打薄的球，尤其是当你试图通过翻转双手来将球抬起的时候。

但你很快就会意识到，你必须向下挥动杆头才能让球飞起来。那种向下击球的感觉正是你在击打所有球道木杆和铁木杆时所需要的。形成这种习惯，你会注意到你的球的飞行状况立刻改善了。

业余选手在使用球道木杆向下击球时，往往害怕转动身体。他们通常只是挥动手臂，这样既缺乏力量又缺乏准确性。相反，在向下挥杆并通过击球点时，让你的右侧身体释放。这种身体的转动会将右侧的能量传递到杆头，从而产生使用较长球杆时所需的力量和稳定性。

约翰尼·米勒

进阶

## 为了更好地打出铁木杆，把它想象为铁杆

大卫·利百特

铁木杆被描述为处于球道木杆和铁杆之间，但为了正确挥动这些球杆，把它们当作长铁杆来考虑。击球时，将球置于站位的中间，并在击球瞬间从草皮上把球挤出。

不要像许多业余爱好者那样站直并试图将球抬到空中。相反，保持脊柱角度不变，并且感觉在下杆时身体重心保持在球的上方，稍微向下击球。铁木杆宽阔的底部甚至允许你在球的后方稍作击打，仍然能打出不错的击球效果。

进阶

## 想着“背朝目标”以避免挥杆节奏过快

汤姆 · 沃森

大多数高尔夫球手在转动肩膀时都不够充分，尤其是在狭窄的球洞，他们害怕使用像球道木杆或铁木杆这样的长球杆时无法将球控制在球道上。但如果你要使用球道木杆击球，在开始下杆之前，要想着将背部朝向目标方向。

你必须稳稳地将身体重心置于右侧，保持右膝弯曲，并围绕它转动。将身体重心稍稍向右移动一点是可以的——只是不要让它向左平移，朝向目标。挥杆时保持右侧相对放松有助于完成充分的转身。在挥杆至顶点时，我希望我的双肩位于球的后方，而不是上方。我尝试让我的左肩绕到我右肩最开始的位置。我让我的右臂与双肩一起转动。

做一个完整的转身，并完成你的挥杆动作，即使是在狭窄的球洞——尤其是在狭窄的球洞。

任何时候我在一轮比赛中发现自己表现状态不好，特别是开球用木杆时，我都会在脑海中想象一个关键的画面来重回正轨：在击球瞬间让球杆回到击球准备时的位置。

为什么这对我有帮助？它能让我的下半身保持稳定，击球时胸口朝向球，还能让我的脊柱角度保持稳定，这样我就能持续稳定地击球。另一个关键是击球时保持右脚后跟着地，这与准备击球时的位置相同。

**山姆·斯尼德**

打

基础

## 如何用 3 号木杆开球

安妮卡 · 索伦斯坦

很多时候，高尔夫球手会在发球台使用 3 号木杆以求控制，但随后又试图将其击出与一号木相同的距离。当你如此用力挥杆时，就放弃了 3 号木杆的控制优势。诚然，将球击得又直又远很棒，但使用 3 号木杆的原因是要将球打在球道上。

当你准备用 3 号木杆发球时，请遵循与使用一号木相同的规则：球的一半应高于球杆杆头的顶部。不注意球座高度的高尔夫球手在击打 3 号木时会很吃力。此外，在站位时，将球放在比使用 1 号木时靠后 1 英寸的位置。

我经常会用到球道木杆（我携带一支强劲的 4 号木杆而非 3 号木杆），当沙坑或水障碍使一号木杆的落球区域变窄时。我宁愿在第二杆使用更长的球杆击球，也不愿在发球时冒险。一杆一杆来。一旦我选择了发球用杆，我就不会试图过度发力。我通过以相同的速度挥动每一支球杆来保持平衡：发力程度为 10 分中的 6 分。

DIMENSION
DATA

打球策略

你可以用木杆将球从高高的草丛中打出，方法是在球后两到四英寸的草中进行向下的挥杆。较大的木杆 / 金属杆头及其更锥形的杆颈能滑过并压低草丛，而铁杆往往会被草丛缠住。

另一个好处是，球道木杆较长的杆身能让你更轻松地提高杆头速度。我们常常试图用力将铁杆从长草区击出，结果过早地消耗了力量和杆头速度。

**戴维斯·洛夫二世**

基础

## 如何用铁木杆开球

尼克·普莱斯

理想情况下，你希望杆面覆盖大部分球。或许球的四分之一可以高于杆面，但仅此而已。由于铁木杆的配重方式，当你把球放低发球时，很容易让球飞起来。关于铁木杆开球的唯一另一个小贴士是挥杆时就像击打球道木一样：你想要一种扫击的方式击球。

基础

## 以 80% 的力量挥杆，用球道木杆得分

厄尼 · 艾尔斯

尽管铁木杆比以往任何时候都更受欢迎（而且容易击球），但你仍然必须能够驾驭你的球道木杆，才能拥有完整的长杆击打能力。如果你能自信地在球道上用 3 号木杆和 5 号木杆击球，五杆洞就会成为抓鸟的机会，420 码的四杆洞也不会那么可怕。

当你击打球道木杆时，要到达目标，你需要覆盖很大的区域。你的第一直觉可能是多使点劲，因为你担心击球距离不够。但是，如果你试图用力击球，你往往会在下杆开始时加速，从而失去挥杆节奏。从顶部猛挥向球会导致很多左直球和大右曲球。如果你以 80% 的力量挥杆，你会得到更好的结果——而且通常击球距离更远。

我几乎从不全力击球，而且我有意识地努力像挥打挖起杆那样挥打长杆。在击打球道木杆时请记住这一点。

基础

## 狗腿洞是使用球道木杆的绝佳机会

莱尔德 · 斯莫尔

水里和树林里到处都是那些在狗腿洞试图逞英雄的球员而打出的高尔夫球。你的目标应该是在发球台将球打到可打的位置，然后有一个不错的第二杆——仅此而已。在圆石滩的五杆洞 18 号洞，朝球道左侧的树林方向击球是有风险的，尽管这可能让你有机会两杆攻上果岭。球打进水里，你可能得重新发球。相反，选择一支能将球打到树右侧可打的位置的球杆。你可以用 3 号木杆、5 号木杆、铁木杆，任何你觉得顺手的都行。如果你这一杆打偏到右边，还有挽回的余地。而且如果你拉左了，你很可能仍在可打的地上。

进阶

## 在长草区？何时使用木杆而非铁木杆

唐 · 赫特

要想在长草区取得最佳击球效果，你需要了解木杆和铁木杆的不同之处。在较短的长草区，3 号木杆的平底能轻松滑过草丛——甚至比中铁杆还容易。但在更浓密的长草区，你需要铁木杆较重的杆头以及更小、更紧凑的杆头，这有助于在杆头穿过更深的草时保持稳定。大多数铁木杆的杆面角度也比球道木杆大。这有助于让球从更深的草丛中飞起并脱困。杆面角度较大的木杆，如 7 号木杆，在中度长草区可能有效，但如果难以抉择，宁可牺牲距离，使用铁木杆将球从困境中击出。

进阶

## 使用铁木杆逃离长草区

### 洛雷娜 · 奥乔亚

铁木杆是一种非常容易使用的球杆，所以要充分利用它——即使在困难的情况下。我试图利用我的距离，所以只要有可能，我就在发球区用一号木杆击球。这就是为什么铁木杆是我最喜欢的球杆之一。从糟糕的球位击球也很容易，我可以在发球时冒险一搏，即便球落入长草区，仍能挽救并攻上果岭。铁木杆有一个宽大的、椭圆的底部和额外的重量，这使得它很容易在球下面滑过而不会被长草缠住。

你不必很强壮就能从长草区打出一记清脆的铁木杆——这种球杆是为所有水平的球员设计的。关键是要有正确的准备姿势并做出路线陡峭的挥杆。我一开始会让杆面稍微打开（右侧），为球杆增加一些杆面角度。我通过改变握杆的位置来改变击球的距离。（握得越靠下，击球距离越短。）我把更多的重量放在左侧，让球位于左脚内侧。因为杆面是打开的，在这些击球中我通常会打出右曲球，所以我会瞄准目标的左侧并朝那个方向挥杆。

打球策略

在 1961 年洛杉矶公开赛在兰乔公园球场的第一轮比赛中，我在标准杆 5 杆的第 18 洞打出了相当出名的 12 杆。从我的第二杆开始，我连续将四杆 3 号木击出了界外。果岭的左右两侧都可能出界，这使得击球有风险——但只是轻微的风险。这算不上是一场赌博，因为我的球位很好，我当时发挥得也不错，而且我心里清楚我能打好这一杆。只是一阵风毁了这相当不错的一杆。然后是下一次。第三次尝试时，我过度修正，把球左勾到界外了。然后我又做了同样的事！但直到今天，我都不认为那个策略是在冒险。

**阿诺德 · 帕尔默**

进阶

## 如何从球道上成功击打球道木杆

罗相昱

首先，选择一个小目标。

当我试图用球道木从球道击球上果岭时，我不会想着只是把球打到果岭的任何地方。我会选择一个特定的落球区域。然后，我想象从那个目标到球前几英尺的一个点的一条线。准备击球时，我所想的全部就是让球飞过那个点。同样在准备击球时，我会稍微抬高左肩来帮助把球打高。由于这更多的是控制地击球而非大力击球，我也会在球杆上稍微握低一点。

一定要让球在你的站位中靠前；我把它放在我左脚跟内侧。这能让我以较平的挥杆做出相当平稳的击球。如果球在长草区，我会把球往后放几英寸，以确保在球杆在高高的草丛中翻转之前击中球。

最后，我把一切都放慢，专注于扎实的击球。如果你击球扎实，无需过度用力挥杆就能获得你需要的距离。

心理提示

有一个目标我经常提及。它被称为“过程目标”。成功来自于耐心且坚持不懈地一次又一次做正确的事。过程目标是追求卓越的球员们的任务清单。这个过程给了你一个机会去发现自己能有多出色。当业余选手用铁木杆或球道木杆开球时，他们有时无法像使用一号木那样坚定地击球，因为他们认为使用较短的球杆会让开球更容易，几乎是理所当然的。但无论你使用什么球杆，你仍然必须致力于这个过程。并且记住要消除疑虑。在你站在球前之前对自己这样说：每一次击球我都会相信自己和我的挥杆。我无法绝对控制球的去向。但我绝对能控制我是否相信自己。

鲍勃·罗特拉博士

进阶

## 使用铁木杆逃离球道沙坑

尼克 · 普莱斯

在球道沙坑中，最重要的是击球角度。将球放在站位中间靠后一点的位置，然后以比用铁杆击球更浅平的路径挥杆击球。从目标线内侧更多地下挥会有所帮助。

挥杆窍门

我在大师赛中经常使用这种击球，尤其是当我需要从相当远的距离朝着旗杆击球时。你必须把球打得高，让它轻柔着地，就像降落伞一样。下面是方法：

准备击球时站得离球近一些。这会让你的挥杆处于一个垂直的平面，这样在击球时你就能充分利用球杆的全部杆面角度。另外，保持重心靠在脚后跟上。这在你向后转身让身体位于球后并保持在那里时会对你有所帮助。当你将球杆向后挥动时，你的双手在上杆顶点时应移动到肩膀上方的较高位置。这个位置很重要，因为这会帮助你下杆时能更陡峭，从而将球击得更高。当你向下挥杆时，要感觉像是迅速地击向球，而不是试图将球舀起或扫起使其飞起。

拜伦 · 尼尔森

进阶

## 从球道沙坑球时，铁木杆是一个容易的选择

布奇·哈蒙

如果你还没有找到足够的理由用铁木杆替换你的长铁杆，这里还有一个：它们在球道沙坑中的表现很棒。圆润的底部比铁杆更容易穿过沙子，而且看起来更容易击球。一个提醒：确保沙坑壁足够低，以便你能用铁木杆轻松越过。

要打这种球，首先握杆的位置要向下移动大概一英寸，并且将双脚同样扭进沙子中大约相同的距离。这样做会让双脚的位置比球更低，所以必须握住球杆靠下的位置来进行补偿。打球时，将球放置在你通常站位更靠后的位置，比平时多往后一英寸，以确保能够干净利落地击中球。接下来，就在你开始将球杆向后挥动之前，抬起下巴。脊柱更挺直的话，你会发现转身更容易。大多数球员在沙坑中会非常紧张，他们紧盯着球，下巴低垂。在准备击球时以及整个过程中保持高身姿会有助于做出扫击式挥杆。最后，不要试图用力击球。轻松挥杆，身体保持稳定。

进阶

## 在果岭周边如何使用铁木杆

托德 · 汉密尔顿

当我在2004年于皇家特伦赢得英国公开赛时，我因用铁木杆切球而备受关注。我尝试过十几次这样的击球，包括在对阵厄尼 · 艾尔斯的加洞赛中，我将球击到洞边从而获胜。当你在果岭周围不需要让球高高飞起时，铁木杆是一个很好的选择。你也可以在距离果岭最远20码的地方使用它，这仍然是一个不错的打法。它最初会从杆面弹起，但随后会像一记有力的推杆一样滚动，对于业余选手来说，比标准的高抛切球更容易执行。即使你没有打得非常完美，它仍然有机会滚上果岭。

我建议你使用它的方式很像推杆，尽管你可以尝试找到合适的握杆和击球动作。但关键是要做出平稳的向后和向前的击球动作，在整个过程中保持杆头与地面平行。不要试图向下击球。球杆的杆面角度会让球弹起然后滚动。

# 垫步弓步将有助于协调你的挥杆动作

马克 · 韦斯特根

打好球道木杆和铁木杆很大程度上是把握有力下挥杆时机的结果。大多数高尔夫球手急于完成上挥杆，这会导致动作顺序不佳。为了更好地控制身体动作顺序，试试垫步弓步。它能激活并拉长髋部肌肉，增强臀肌，还有助于通过正确的身体旋转产生更高的挥杆速度。

从站立姿势开始，双手在胸前合拢，右脚向后并横跨，使其距离左脚约三英尺远且在左脚外侧一英尺处。然后，向后向下蹲坐。站起来，交换腿的位置，重复动作。

# 一号木

at&t
AT&T PEBBLE BEACH
NATIONAL PRO-AM

除非你经常打 230 码的三杆洞，或者试图在两杆内打到 550 码的五杆洞，否则一轮比赛中你挥动一号木最多可能也就 14 次。如果你打 90 杆，这意味着开球只占你总分的 16%。相比之下，推杆大约占你比赛的 40%；铁杆球占多达 30%。这就是为什么我们把这一章放在书的后面。

我们都会被有力击球时发出的声音和击球的样子所吸引，但从学习如何打好高尔夫的整体计划来看，将开球打得很远应该被视为次要的（像甜点一样），而不是最主要的部分（不是主菜）。巡回赛职业选手在尽可能远地开球方面具有真正的优势。为什么呢？当他们在距离球洞 150 码以内时，他们具备出色的短杆技术和挖起杆击球技术，能够让球靠近球洞。而你没有这些技术。这就是为什么对你来说，无论你的开球距离可能有多短，最好优先确保你的开球落在球道上。我们会给你一些关于把球打得更远的技巧，但永远要记住，在业余高尔夫中，控制胜于力量。以下是最优秀的选手关于开球的一些说法。

前页：

**炮弹发射**

亨特·马汉在 2011 年 AT&T 圆石滩配对赛决赛轮的第 18 洞开球。

右图：

罗里·麦克罗伊的挥杆动作

**14** 在任何一轮比赛中，高尔夫球手可能使用一号木（开球杆）的最大次数。然而，它却是在练习中最常被使用的球杆。

- 业余选手开球的平均距离约为 190 – 200 码。对于巡回赛职业选手来说，是 250 – 270 码。
- 挥杆速度每提高 1 英里 / 小时，球飞行的距离就会增加 2.5 码。
- 在距离果岭 150 码的浓密长草区球位，差点为 10 的球手平均会比标准杆多损失 0.4 杆。相比之下，在同样距离的浅长草区球位，该球手会比标准杆多损失 0.15 杆。

Jumeirah

# 练习窍门

基础

## 将双手自然地放在球杆上

### 杰克·尼克劳斯

站直，双臂放松，看看它们在身体两侧自然下垂的样子。现在，双手自然地放在球杆上，不要刻意摆弄。这样就能形成一个尽量少受外力影响的中立握杆姿势。握把应该是斜着穿过左手手掌。右手则是握在手指上。

我采用重叠式握杆，因为这有助于双手协调一致。对我来说，压力点在于左手的最后两根手指和手掌根部，以及右手的拇指和食指。在挥动一号木时，保持较轻盈但稳定的握力非常重要，这样能确保你释放球杆，同时也能控制好球杆。

基础

## 第一法则：放球

布奇·哈蒙

使用一号木时，大多数高尔夫球手把球放置得太靠前，并且站位离球太远。这可能感觉很有力，但会引发一些不好的情况。球放置得太靠前会使肩膀朝向目标打开，这会导致由外向内的挥杆，通常会造成右曲球。站立位置离球太远会把上半身向下拉，导致在击球时通过起身动作来补偿，这是造成右曲球的另一个常见原因。

以下是确保你的球位正确的方法。将球放置在与你衣服上的商标对齐的位置，或者就在你的左脚跟内侧。（对于较短的球杆，球应与标志保持对齐，但站姿应更窄，使球相对于身体更居中。）至于与球的距离，准备击球时，球杆握把的底部应距离你的身体约 6 英寸。你可以通过做好准备姿势然后将右手从握把上拿开，向右移动约 1 英尺来检查。你应该不会觉得需要伸手才能将手放回球杆上。

将球放到正确的位置不需要运动细胞；只需要记住去留意它。做到这一点，你的开球马上就会有所改善。

基础

## 为了获得力量，准备时身体要在球后

戴夫·菲利普斯

许多业余选手在击球时以陡峭的角度挥杆，实际上是向下击球，这就是他们把球打高的原因。如果你想像高手那样把球从球座上扫出，将球放置在与前脚外侧对齐的位置，并将杆头置于球后 8 到 10 英寸处。靠前的球位会使你在下杆时的路径变浅，而在球后这么远的位置做好准备会帮助你想象球杆头在击球时是上升的。

基础

## 上杆：最大限度地转动肩部

斯图尔特·辛克

大多数业余选手都会受益于增强柔韧性，并在上杆顶点让上半身位于球的后方。这会导致更好的节奏——以及更远的开球距离。和我一起打球的很多业余选手在节奏把握方面都有困难，主要是在下杆表现不佳：他们在完成上杆之前就开始下杆了。我明白在一轮比赛中你无法提高柔韧性，但我敢打赌你可以转得更多一些，并能更好地开始下杆。这里是我的建议：当你挥杆至顶点时，想着让你的左肩越过右脚。

基础

## 如何将球杆送至上杆顶点

瑞奇 · 福勒

我喜欢慢慢地把球杆往后移，但速度也不能太慢，以免我的前臂有任何紧张感。在顶点时，我希望大部分体重转移到右侧，也许是 70% 或 80%。由于我做了大幅度的肩部转动，我的头部已经明显移到了球的后面。从这里开始，我感觉我可以全力加速了。是时候行动了！我的头部向后移动多远取决于时机，这每天都有所不同。如果我感觉状态超好，我就会向后移得很多。

挥杆思考

那些通过多年练习而练就了出色手部动作的高尔夫球手往往倾向于身体动作运用过少。训练较少的球手则试图用过度的身体动作来弥补手部速度的不足。在挥杆时，想象自己像弹簧一样盘绕和展开，这样你身体的任何部分都不会超出双脚的范围。换句话说，在上杆时，只有你的双手和双臂会超出右脚的外侧边缘，在下杆时，相对于左脚也是如此。

杰克 · 尼克劳斯

基础

## 让你的背阔肌启动下杆

里克 · 史密斯

关于在开始下杆时如何发力存在一些争议。许多高尔夫球手认为力量来自于腿部的驱动，但如果腿部过于活跃，可能难以保持稳定的击球。腿部应该起到支撑作用，但正确开始下杆的真正关键在于调动身体左侧（对于右手球员而言），尤其是背阔肌，简称“背肌”。

打得远的球员都有强壮的背阔肌，其从肩胛骨延伸至臀部。在上杆顶点时，你的前侧背阔肌应该充分伸展，准备好为大力击球创造额外的杆头速度爆发。要利用这一力量源，在上杆时感受前侧背阔肌的蓄力。然后，通过释放它来开始下杆，并拉动你的上半身朝向目标。

挥杆思考

## 如何克服开球时的紧张情绪

埃迪 · 梅林斯

开球时的紧张情绪对人们来说是个实实在在的问题。一直都是，将来也会是。让自己稍微平静下来的最佳方法——我说稍微，是因为有点紧张也可能对你有利——就是在等待的时候把高尔夫球抛到空中几英寸然后接住。反复这样做。这是一个神奇的小技巧，实际上是一种催眠方式。催眠不过是深度放松，抛球有催眠、镇定的效果。仅仅是你能够接住球这一事实，就会给你足够的潜意识信心，让你在轮到自己击球时，把球打到球道上。

基础

## 全都丢出去

瑞安 · 摩尔

你的高尔夫挥杆动作应该是一种动态的运动，而不是一堆拼凑起来的姿势。它不一定看起来漂亮，但应该流畅。当你击球时，一定要毫无保留。要有力量地且主动。你的下半身应该朝着目标用力转动，你的双手和双臂应该感觉像是被拉着穿过球。不要抵抗，也不要试图控制球杆。全都丢出去。

用你平常的击球准备姿势站立，手持较重的东西，比如装满球的球包，试着用力把它扔向约 15 英尺远的目标。你会如何自然地完成这个动作？当你的体重均匀分布在双脚和双腿内侧时，你会将整个上半身——双手、双臂、双肩和躯干一起——盘绕起来，抵住右腿的“支撑”或固定部位。你的头部略微向右移动，仅仅是跟随脊椎移动。当球包向后移动到刚好在你腰部上方的位置时，你的体重转移到右脚和右腿内侧。从这里开始，你从下往上反转腿部的推力。在扔球包时，你在一个完全连贯的投掷动作中运用了自然的节奏和协调。这正是每一位出色的高尔夫击球手挥杆时的动作。

吉米·波拉德

基础

## 挥杆时保持平衡

J.B. 霍姆斯

高尔夫挥杆中的力量来自平衡。如果失去平衡，你的挥杆就不会有太好效果。我从宽站位开始，这给了我坚实的基础。我也站得稍微开放一些——这有助于我在下杆时通过球转动臀部。如果我站位开放，我就可以大胆挥杆，而不用担心打出左曲球。

但是普通球员应该练习平衡和重心转移。要发挥出全部力量，你得随着手臂移动重心。你必须让所有动作同步挥动。上杆时，将重心移到球的后方，然后下杆时向前移动，保持头部在球的后方。任何击球远的人在击球瞬间头部都在球的后方。

基础

## 想象挥动扫帚以获取更大力量

兰迪 · 史密斯

如果我递给你一把扫帚，让你清扫一堆木屑，你会伸出右肘把扫帚头朝那堆木屑扔过去吗？你不会的。

试着像挥动高尔夫球杆一样挥动扫帚。你会本能地在顶点支撑扫帚的重量，让它在下挥杆时滞后，并在结束时保持平衡。但是当涉及到球杆和球时，突然就会有将球打到空中的冲动，这就是很多球员失去我们都在努力寻找的力量的地方。

进阶

## 在顶点停顿

### 肖恩·福利

我指导的两位球员——贾斯汀·罗斯和泰格·伍兹——有时会从上杆到下杆做出我所谓的“剧烈过渡”，而不是让方向的改变平稳进行。他们的目标是让下杆的速度逐渐增加，最快的部分出现在底部。当过渡变得剧烈时，就很难在击球时让杆面回正。

许多普通的高尔夫球手也会因为过渡不佳而苦恼。这主要是因为他们上杆太快，然后在下杆开始之前还没有完成上杆动作。如果你有这个问题，一个我用于贾斯汀和泰格的经过时间考验的简单练习方法会有帮助。下次你练习时，当你挥杆到达顶点时，在下杆之前停顿一秒钟。

我建议在练习场做这个练习的原因是，如果你在顶点动作很快，这个练习会感觉非常奇怪，可能需要一段时间来适应。但是，如果你确实停顿了，那么你就可以尽可能用力地下杆，球会真正从杆面上弹飞出去。

挥杆思考

肩部的转动是在一个倾斜的平面上进行的，所以在上杆时，左肩应该向下移动并且同时转动。如果你在上杆时正确地倾斜并转动了肩部，那么在挥杆顶点时，你的左肩应该指向球。

这种上杆的转动会让你处于正确的位置，从而笔直有力地击球。许多普通的高尔夫球手，尤其是那些打过棒球的人，他们肩部的转动过多地处于水平平面。这样的转动会使挥杆过于扁平，并限制你用方正的杆面击球的机会。

阿诺德·帕尔默

进阶

## 拓宽挥杆平面以实现更远击球

### 大卫·利百特

在挥杆过程中创造并保持良好的宽度，将有助于你击出更远更直的开球。简单地说，较宽的挥杆路线比狭窄的挥杆路线覆盖的距离更远，并且能让你最大限度地提高杆头速度。

为了增加你挥杆的宽度，试试这个练习。站在击球准备位置时，抓住一条毛巾上相距约一英尺的两个点（如图所示），保持一点松度。然后，尽可能用力拉紧毛巾，并在模拟上杆和下杆时保持这种拉扯。注意你的左右两侧在向相反方向拉动时是如何保持距离的。这就是你挥杆时想要重现的同样的宽度感觉。

在练习场上，交替进行毛巾练习和击球练习，直到你找到更宽挥杆路线的感觉。在下场中，你可以在击球间隙利用高尔夫毛巾来强化这种感觉。一旦你学会在挥杆中最大限度地增加宽度，你在击球时就会开始产生更快的杆头速度，从而打出更远的开球。

Callaway
GOLF
Callaway
GOLF
SAP

进阶

## 利用杆头套改善你的挥杆节奏

马丁·莱尔德

当我用一号木击球表现不佳时，通常是因为我在上杆时动作太快。我匆忙地把杆头拉回并拉到内侧，然后在下杆时我不得不重新调整球杆来挽救这一挥杆动作。

通过在练习挥杆时给杆头增加一些重量——要么像我这样留着杆头套，要么在杆头缠一条毛巾——你会迫使自己在上杆开始时更加谨慎。这会促进更连贯的上杆动作，即手臂和肩膀一起移动，减少手部动作。

带着杆头套慢慢地练习挥杆 15 到 20 次。当你取下杆头套时，一号木会以良好的顺序和更好的路径上杆。另外，在下杆时球杆会感觉轻很多、快很多，这可不是一个小的附带好处。当我感觉放松、自在，并在击球时平稳地发力，而不是费力地猛拉球杆时，我能打出最远的击球距离。

进阶

## 击球瞬间：如何扎实击球

斯图尔特 · 艾波比

如果你真的想打远点，你必须在击球时用上全身的重量——这是能打得超远的关键。为了确保你的重心在击球瞬间一直处于球的后方，将球放在你的肩关节正下方（看我指的位置），而不是下巴下方。然后，进行下杆，使球杆在肩关节下方触地。把那个地面上的点想象成6点钟位置，把你的左臂想象成钟面上的长针。当你下杆时，你的身体必须保持在后，让钟面上的长针在6点钟位置触地。

进阶

## 如何击球更直

安妮卡 · 索伦斯坦

大多数高尔夫球手将球打到右侧是因为他们在击球时杆面是打开的。去年夏天我也有同样的问题，所以我加强了握杆，将左手顺时针在握把上旋转。对我来说，关键的感觉是左手的拇指垫覆盖在握把的顶部。

在开球时，我做的另一个改变是更宽的站位。这给了我一个更稳定的基础，并能防止臀部左右移动。如果你在上杆至顶点时臀部向后滑动，你的上半身就会向目标倾斜。然后，当你下杆时，你的身体会改变方向，导致由外向内的挥杆路径和右曲球。试试更宽的站位。

我用上面的练习来感受方正的击球瞬间。伸出你的左手，右手向后挥动，然后拍打左手。你的双手应该在你的正前方直接相碰。如果你的肩部打开——这是造成右曲球的姿势——你的双手会在太靠前的位置相碰。努力去体会击球瞬间肩部放下的感觉。

数据

# 开球精准度的真正衡量标准

彼得·桑德斯

哪种情况更好呢？是球落在球道外几英尺但处于第一次修剪的草地上，还是球最终落在一棵低垂橡树树根间纠结缠绕的茂密草丛中？答案显而易见，但在职业巡回赛中广泛使用的“击球准确率”这一统计数据下，这两种击球情况会被记录为相同。该统计数据只是用击球落在球道上的次数除以击球总次数。因为这种古老的方法在大型联赛中从未更新过，所以这也是大多数业余高尔夫球手评估自己击球的方式。我创造了一个更好的系统。

如果你真的想评估自己的击球表现，别再纠结球是否落在球道上了。你需要知道的数字是你那些失误的击球让你损失了多少杆数。把这个数字视为衡量你击球偏差程度的指标：数字越低越好。我已经完成了繁重的统计工作。要算出你糟糕击球的代价，可以归结为我创建的一个公式，你根据每次击球对下一杆的影响程度，给每次击球评 0－4 分。在记录了几轮之后，将你的失球数与你所在的差点组进行比较（见下表）。一轮出色的击球表现是指优于你的平均差点。下面以普通高尔夫球手乔为例说明其运作方式。

乔是一位差点为 18 的高尔夫球手，前几天他打了一轮，成绩是 90 杆。在他的计分卡（如下）上，除了三杆洞，他给每次击球（开球）评了 0－4 分。乔很谨慎，根据每次击球对他打下一杆的机会的影响来评分（其他处理困难球位比乔好或差的高尔夫球手可能会对相同的击球给出不同的评分）。乔有三次击球落在球道上，四次落在短长草区，两次落在深长草区。

此外，他有两次不得不侧向切球出来，两次不得不从水障碍区抛球，还有一次击球出界。一轮结束后，我们让乔把所有的分数相加，然后除以 2。（使用我们的计分系统并除以 2，意味着你不必处理小数。）以下是乔收集数据、进行计算，并确定当天他的击球让他损失了多少杆数的方式：

**1. 分配分值**
使用所描述的量表，乔根据每次击球（开球）后给他留下的击球情况来评估，三杆洞除外。

↓

**2. 总计分数**
乔将他所有击球（开球）的分数相加（16 分）。

↓

**3. 除以 2**
乔用 16 除以 2，得到数值 8。这就是乔那些失误的开球让他损失的杆数。

↓

**4. 在图表上进行比较**
乔使用右边的表格来找出平均差点为 18 的球手每轮损失的杆数（7 杆）。因为乔损失了 8 杆，所以他的击球表现低于平均水平。

| 球洞 | 1 | 2 | 3 | 4 | 5 | 6 | 7 | 8 | 9 | OUT |
|---|---|---|---|---|---|---|---|---|---|---|
| 标准杆 | 5 | 4 | 3 | 4 | 4 | 5 | 4 | 3 | 4 | 36 |
| 码数 | 503 | 365 | 160 | 328 | 374 | 603 | 359 | 164 | 381 | 3237 |
| 乔的杆数 | 6 | 5 | 3 | 6 | 5 | 7 | 4 | 4 | 6 | 46 |
| 乔的开球 (PTS) | 1 | FW | – | 3 | 0 | 4 | 1 | – | 2 | 11 |

| 球洞 | 10 | 11 | 12 | 13 | 14 | 15 | 16 | 17 | 18 | IN |
|---|---|---|---|---|---|---|---|---|---|---|
| 标准杆 | 4 | 3 | 4 | 5 | 4 | 3 | 5 | 4 | 4 | 36 |
| 码数 | 337 | 176 | 399 | 534 | 364 | 140 | 519 | 347 | 398 | 3214 |
| 乔的杆数 | 6 | 4 | 4 | 6 | 4 | 4 | 7 | 4 | 5 | 44 |
| 乔的开球 (PTS) | FW | – | 0 | 2 | 0 | – | 3 | FW | 0 | 5 |

| 你的差点 | 因糟糕的击球而损失的平均击球数 | 你的差点 | 因糟糕的击球而损失的平均击球数 |
|---|---|---|---|
| +3 | 2 | 15 | 6.2 |
| 0 | 2.5 | 18 | 7 |
| 3 | 3.1 | 21 | 7.7 |
| 6 | 3.9 | 24 | 8.4 |
| 9 | 4.8 | 27 | 9 |
| 12 | 5.6 | 30 | 9.6 |

进阶

# 更早曲手腕以提高准确性

伊恩 · 保尔特

时不时地，我有击球向右偏离目标的倾向。这在一定程度上是个问题，源于我在上杆的顶点有一点倒。倒意味着当我完成后挥杆时，我的球杆杆身指向远远偏左于我的目标，而不是与目标线平行。我的球杆实际上一直以来都倒了，我相信这损害了我的准确性。我正在努力让球杆杆身在顶点处于正确的位置。

有一种帮助自己进入更好位置的方法是在上杆的早期就弯曲手腕。我在刚把球杆向后挥时就这么做，而不是像许多高尔夫球手那样等到几乎到达挥杆顶点时才做。早点弯曲手腕给我一种很棒的感觉，即球杆杆身在顶点指向了应有的位置。当我必须把球打到球道上时，这就少了一件需要担心的事。

cobra

基础

## 发挥你的优势
汤姆·沃森

如果你在苏格兰缪尔菲尔德球场把球打进沙坑，实际上就等于被罚一杆。那些沙坑非常深，你必须尽最大努力避开它们，这就是我在1980年英国公开赛的比赛计划。

当时我的优势在于推杆——我每次推杆都能进洞。所以远离麻烦、发挥自身优势的策略奏效了，我以四杆的优势战胜李·特维诺，赢得了我的第三个英国公开赛冠军。

这既是身体上的过程，也是心理上的过程，从发球台开始，我就把击球方向瞄准安全区域，就像我在这张照片中所做的那样。右边的大沙坑比看起来要远，因为我不容易越过它，所以我想把发球打得远远偏左。下次你打球时，请记住每次击球和每次攻果岭击球都要这样仔细考虑你的选择。避开麻烦是避免高杆数的关键。

那肯定是我在缪尔菲尔德的策略。那可能是我在比赛中推杆表现最好的一周。如果我的推杆没那么好，我在发球台和攻果岭时可能不会打得这么保守。

规则

# 发球区规则

罗恩 · 卡斯普里斯克

以下是在你把球放在发球台上之前要记住的五条规则。

1. 你可以在发球台标志之间的任何位置放置球——但哪怕是最微小的距离也不能放在它们前面。你还可以在标记后面最多两个球杆长度的范围内置球。想象一个矩形区域。

2. 如果球在你击球之前从发球台上掉落，不会罚杆。重新置球并继续击球。

3. 你可以使用任何东西来置球，甚至可以让球在地面上。唯一的要求是，如果你使用了发球座，它的高度不能超过 4 英寸，并且不能影响球的运动。

4. 如果在比杆赛中你发球顺序错误，没有处罚。在比洞赛中，你的对手可以让你重新击球。

5. 你可以站在发球区外，只要你的球在发球区内。

TaylorMade

基础

## 如何打上最狭窄的球道

弗雷德 · 方克

在朝着狭窄球道的艰难开球时，一定要在远处选定一个特定的目标，比如一棵树或者一个沙坑，并在脑海中构想你想要击出的球：其飞行轨迹、弧线等等。你的身体会本能地对视觉线索做出反应。你还应该保持自己自然的节奏，不管是慢还是快。另外，要感觉你上杆的时间比平常稍长、稍慢一点。你需要有足够的时间来转正杆面。别着急。最后，保持好你的姿势很重要。你可能会有过早起身并查看球去向的冲动。在击球过程中保持你的预备姿势，你就会有更大的机会用球杆面的中心击球。

这将帮助你理解并感受下杆过程中的向下动作。它可以抵消右曲球手在下杆时倾向于以肩部向左扭转朝向目标左侧从而导致手臂和球杆偏离击球路线的趋势。你希望从上杆顶点开始的第一个动作是由你的手臂、手腕和手将球杆直直地向下挥动。要深深记住这种感觉，一个好方法是想象你要从上杆顶点把一根桩子打入地下。记住那根桩子应该能让你体会到“向下”的感觉。这也会促使你的手臂、手腕和手恰当地协调动作，使杆面回到最初的瞄准方向。

**戴维斯·洛夫二世**

基础

## 在打狭窄球洞时保持放松

厄尼·艾尔斯

我确信在你的球场有一个洞，你喜欢在那里开球。你迫不及待地想要到那里大力击球，因为球道很宽或者那个洞总是顺风。但在那个开球时——或者用一号木开球的任何其他时候——不要过于兴奋，因为你的双手和手臂过于紧张可能会毁掉你的挥杆动作。我发现握力和紧张对我的挥杆造成的损害比任何其他技术问题都大。

如果你握杆握得太紧，你会调动起前臂上下一直到肩部的所有肌肉。紧绷的肌肉移动速度比放松的肌肉慢——即使你以那种方式握住球杆时感觉非常有力且具有攻击性。当你做好击球准备时，有意识地放松双手，让手臂感觉柔软。上杆上短一些，并且感觉好像你在下杆时是在甩鞭子——而不是紧张地去猛击什么坚硬的东西。在这种情况下，少用力反而更好。

在这种情况下，少绝对是多。当你感觉自己是以 75% 的力度挥杆时，你将击出最远的击球距离。

装备

# 调节球座高度能够提高击球准确性

大卫·利百特

如果你的开球打歪了，对球座高度进行调整可以让你的击球变直。

右曲球员在击球时下杆过于陡峭，产生了过多的后旋和侧旋。而且如果他们的右曲球高高飞起，他们本能地把球放在更低的球座上，认为这样可以阻止球高高弹起。但这只会导致他们为了击到球而更陡峭地挥杆。

如果你要对抗大右曲球，就必须使你的挥杆路径变平。你需要感觉好像是在向上击球，把球座垫高会有助于做到这一点。在准备击球时，至少一半的球应该在杆头顶部之上。这会鼓励你更多地从内侧挥杆，并保持身体在球后，将球从球座上扫出去。

另一方面，大左曲球手往往从内侧挥杆过度，导致球杆被卡在身后。在这种情况下，他们不得不依靠双手来释放球杆，如果做得过度，就会打出大左曲球。把球座放低会使球杆在向下挥杆时更多地处于身体前方，帮助你以更直的路径挥向球。

进阶

## 当你需要打出小左曲球时，把球座垫高

吉姆·麦克莱恩

为了打出小左曲球，采取稍微关闭的站位，并且把球垫高一点。握杆稍微轻一点将有助于你释放球杆，从而使杆面关闭。在挥杆顶点要有意识地停顿一下，让球杆有时间落向内侧。你的挥杆路径在击球时应该是从内到外。送杆动作就像在网球中打一个大力的正手击球，双手充分旋转。

进阶

## 当你需要打出小右曲球时，把球座放低

吉姆 · 麦克莱恩

要打出小右曲球，采取稍微开放的站位和更有力的握杆——以在击球时延迟球杆的释放并保持杆面开放。我沿着站位线挥动球杆来预先设定从外到内的挥杆；把球座放低一点也有帮助。正常挥杆，击球时保持杆头低且左手腕稳固。

进阶

## 如何应对左狗腿洞

亨特 · 马汉

当你必须打出小左曲球，并让开球绕过左狗腿洞的拐角时，最简单的方法是改变你的挥杆路径。我正在努力让球杆在上杆时更多地处于目标线内侧，并且更多地背向目标。这为我的一号木在击球时创造了很大的空间，让其沿着从内到外的路径下杆。对我来说，真的感觉好像我更多地向目标右侧挥杆。这是一个夸张的动作，实际上球杆在击球过程中并不会超出目标线，但感觉上是这样的。

进阶

## 如何打好右狗腿洞

卢卡斯 · 格洛弗

在开球时我大多打出左曲球，因为那是我球的自然飞行轨迹。但当我想要打出右曲球时，好消息是我只需要做几个挥杆调整就能完成。

在准备击球时，我站得离球稍近一点。这样，我就不会像平时那样从目标线内侧挥杆击球。你的挥杆路径越是从内侧来，就越难让球从左向右弯曲。在准备击球时，我还会把肩膀和臀部稍微打开一点，让它们处于我希望球开始的线路上。

一旦我为打出右曲球做好准备，我会试着挥杆，让自己在击球时感觉好像只是稍微保持着杆面打开。我不想让杆头外侧像我打左曲球时那样翻转。那种感觉是，我的身体朝着目标转动，而我的双手和球杆落后，旋转很少。你可以随心所欲地用力击球，但你必须完成挥杆，否则你有可能把球打成大右曲。所以击球后不要停止动作。

挥杆思考

肩部的转动发生在一个倾斜的平面上，所以在上杆时左肩应该向下移动同时转动。如果你在上杆时正确地倾斜并转动了肩部，在挥杆顶点时你的左肩应该指向球。这种上杆的转动会让你处于正确的位置，方正且有力地击球。许多普通的高尔夫球手，尤其是那些打过棒球的人，他们肩部的转动过于在水平面上。像这样的转动会使挥杆过于扁平，并限制了你用垂直的杆面击球的机会。

阿诺德·帕尔默

进阶

## 如何让那些落在球道右侧的球变直

布奇 · 哈蒙

高尔夫球手看到他们的开球向右飞，就会不由自主地咒骂右曲球。有时那些是由于从内侧挥杆过度导致的右飞球。大右曲来自从外向内的挥杆，所以当你打出右飞球时试图去纠正大右曲球是你能做的最糟糕的事。下面是如何区分它们的方法：大右曲球起始向左然后向右弯曲，而右飞球则是直接向右飞。右飞球出现的情况是，你在下杆时下身滑动得太猛。球杆卡在你身后，从内侧挥杆过度。你的横向移动过多，而击球时的转身不够。

促进转身的最佳方法是采取大约一英尺宽的窄站位，并以 75% 的力量击球。采用窄站位，你如果侧移过多就会摔倒，这样就无法滑动太多。你会有更好的转身，球杆会更笔直地沿着线路挥动，手臂翻转以使杆面方正。你就能克服右曲球的问题了。

进阶

## 如何纠正左曲球

格雷姆 · 麦克道尔

像许多优秀的右手球员一样，我一直在努力避免击球向左，并且一辈子都在这样做。为了避免那些左曲球，我在开始上杆时的想法是要确保在最初的三英尺内，杆头大幅向外远离我的双手，并且球杆要有一定的杆面角度。

当我做错时，在上杆过程中球杆会被拉回到我的双手后面，从那里开始球杆就被卡在我身后了。一旦球杆被卡在身体内侧，我唯一能走的方向就是向外远离我。这会给球施加很多从右向左的旋转——也就是令人畏惧的左曲球。

训练

增强手部和手腕力量的一个好方法是用报纸，每只手将其页面卷成球。要运用这种力量，尝试在上杆时有更大的转身。这就是我在开球比赛中或当我想从发球台获得更多力量以两杆到达五杆洞果岭时所做的。

要增加转身幅度，在上杆时让你的左髋和左肩一起转动。动作要相当缓慢，并且让你的双手和双臂保持放松。挥杆太快会让它们紧绷，削减你的灵活性。当你转身远离球时，让你的左膝向内向右摆动，使你的双腿形成一个 K 形。然后，下杆时让你的右膝向左摆动，在相反方向形成一个向后的 K 形。

山姆·斯尼德

进阶

## 用左手背控制杆面

史蒂夫 · 史崔克

当我改用自然地握杆，即在准备击球时我的左手背朝向目标时，我在发球台上的击球稳定性真正开始提高。我现在的主要关注点是努力在球杆击球时将我的左手挥到那个位置。由于左手背反映了杆面的位置，你可以通过在击球瞬间专注于那只手的位置来简单地控制杆面。我感觉自己在击球时让左手回到原来的位置，使其再次朝向目标。

如果你倾向于较弱或者（更有可能的是）较强的握杆方式，检查一下在准备击球时你左手背所朝向的位置，然后尝试在击球瞬间匹配那个位置，你的准确性也能够提高。

进阶

## 在大风天里用身体盖住球

杰瑞·凯利

在冬季，风似乎总是一个重要因素。这时我在开球时依靠我的抗风击球方式。如果你把球打到风中，它不会飞得很远。更糟糕的是，因为逆风会夸大球上的任何侧旋，所以更容易打不上球道。一个轻柔的右曲球会变成严重的大右曲，一个受控的左曲球会变成恶性的大左曲球。所以降低球的飞行高度是必须的。

在逆风击球时，我首先做的事情之一就是稍微握短球杆。较短的杆身有助于压低球，并让我在控制挥杆时有更好的感觉。然后，当球杆击球时，我试着让我的身体和双手稍微领先于球。我想要感觉好像我在用身体和球杆覆盖住球。

实际上，这非常像从球道沙坑球。我感觉我的下半身相当稳定，在击球通过时我保持在球的上方。

挥杆要点

要保持良好的节奏，你必须完全放松。而且，不存在上杆太慢这回事。如果普通球员能记住这两点，他会立即提高自己的水平。如果你慢慢地上杆，你也会慢慢地开始下杆。我甚至认为，如果你能学会在挥杆顶点暂停一下，那是很棒的。如果在顶点匆忙下杆，你永远不知道你的杆面处于什么位置。

约翰尼·米勒

进阶

## 如何在开球时多打出 10 码

达斯汀 · 约翰逊

当我需要更多的距离时，我会打一个有力的小左曲球。球似乎能飞得和小右曲球一样远，但落地后滚动得更多，因为它的倒旋没那么多。

要打出有力左曲球，球杆必须从目标线内侧向下挥动。我感觉好像我在自己的身体和球之间为球杆创造了移动的空间。对我来说，这就是主要的感觉。要做到这一点，你的下半身必须先行下杆。如果你在内侧有空间，你会更容易翻转球杆。

但老实说，在你打球的时候，你不能想所有这些。所以当我想要打出左曲球时，我所做的是想象出球的飞行形状，然后让我的身体去实现它。还有一个想法：尽量不要比平时挥杆更用力，因为你会失去节奏和时机。最好专注于扎实地击球，并想象出那种左曲球的样子。

# 投掷健身药球以增加击球距离

马克 · 韦斯特根

为了提高挥杆速度并击出更远的开球，拿一个健身药球，找一堵坚固的墙来对着扔。双手拿住球，以准备击球的姿势与墙垂直站立。将球沿着臀部一侧向下带，然后在把球扔向墙时向上蹬腿——模拟你用一号木击球时下杆击球的动作。一旦你能接住反弹回来的球，把它沿着另一侧的臀部放下，然后重复这个动作，以均衡地训练身体的两侧。

这个方法为什么有效？它能激活并强化髋部和躯干。它还能改善你通过击球时的反冲动作，并让你通过依靠稳固的左侧挥杆来挤压球。

# 下一步

Titleist

既然最优秀的高尔夫球手和教练已经为你奠定了从果岭到发球台打球的基础，那么是时候迈出下一步，学习使这项运动如此特别的所有高尔夫细节了。假设你是高尔夫新手，当你观察所有细微差别并聆听高尔夫术语时，你可能会感觉自己像身处异乡的陌生人。别担心。虽然这项运动可能看起来令人生畏，资深球员也似乎不友好，但实际上，要想看起来和感觉自己属于这里，你并不需要知道太多。其余的你可以在过程中慢慢学习。

为了在你的学习过程中节省一些时间，我们已经请专家分享一些最重要的信息来帮助你入门。在这一章中，你将更好地了解这项运动的规则、礼仪、装备和着装，以及关于举止、维护球场和从更广泛的意义上回馈这项运动的建议。把这当作考前笔记，把你的下一轮当作大考。等等。打住。任何人都不想把他们的休闲爱好等同于大学二年级英语文学的期中考试。我们想说的是，以下信息是你的捷径，可以让你在短时间内掌握通常需要数年才能学会的东西。想必你是为了享受才参与这项运动的。希望这些提示能帮助你实现这一目标。

前页：

**青年运动（左起）：** 罗里·麦克罗伊、瑞奇·福勒和杰森·戴 在2011年美国大师赛期间走向奥古斯塔国家高尔夫俱乐部的第七个果岭。

终极思考

坚持不懈就是持续处于优雅的状态，直到被荣耀所取代。

**西摩·邓恩**

## 良好礼仪的 10 条规则
### 阿诺德 · 帕尔默

1. 不要成为团队中打球最慢的人。如果你总是最慢的那个，那你就是打球慢的人。要鼓励大家都足够快速，使得自己刚好跟紧前一组。记住及时完成一轮的要点：在到达果岭之前打“准备好就打”原则（准备好就击球，即使还不应该轮到你）；轮到自己在发球台和果岭击球时要做好准备；找丢失的球不要超过五分钟。

2. 控制好自己的脾气：我们都有感到沮丧的时候，但关键是以无害的方式发泄。不要扔球杆或咒骂。

3. 尊重他人的时间：取消高尔夫约定的正当理由很少。在周六最后一刻决定去清理车库，或者接到汽车修理店通知可以提前一天为你服务，这些都不是好的理由。

4. 修复你打球的草地：我有一把小刀，这是我修复球痕的专用工具，但一个球座或者那种双叉的工具也可以。至于草痕，要放回原位或者使用球车上携带的混合草籽。认真地耙平沙坑。

5. 做一个安静的伙伴：要知道站在哪里以及何时保持安静。在球员准备击球时，你要站在其正对面或斜对面。绝对不要站在击球路线上，无论是在球洞的另一边还是球的正后方。当球员准备击球时，要把球道想象成一座大教堂，果岭想象成一座图书馆。

6. 让你的高尔夫球车“隐形”：驾驶球车时，你的目标应该是不留下任何你来过的痕迹。因为我们往往会看着要去的方向，而不是已经走过的地方，所以很容易损坏草皮而不自知。

7. 始终保持最佳形象：从鲍比·琼斯、沃尔特·哈根到本·霍根、山姆·斯尼德，再到泰格·伍兹和菲尔·米克尔森，最优秀的球员都对自己的形象一丝不苟。你的外表充分说明了你这个人。打扮整洁的高尔夫球手，就像商人或去教堂的人一样，给人的印象是他认为高尔夫球场和那里的人很特别。

8. 关闭手机：我不知道那些手机的所有小工具和设置，但你要想尽办法让手机保持安静。并且，如果你绝对必须打电话，那就远离其他球员。

9. 在力所能及的时候伸出援手：如果你加以留意，帮助球友是很容易的。一个明显的方式是帮忙寻找丢失的球，或者更好的是，留意打偏的球以防它们变成丢失的球。捡起落在果岭边缘多余的球杆或者发球台旁掉落的杆头套，并归还给它的主人。

10. 学习小细节：还有上百个我没有提到的礼仪细节，比如小心地放置旗杆，离开果岭时填平鞋钉印，让速度更快的组先通过等等。所有这些事情都是通过敏锐的观察和体贴的心来学习的。要知道高尔夫是会回报善意的，你践行的每一项礼仪都会得到十倍的回报。

## 一些助你入门的规则

### 《高尔夫文摘》规则编辑罗恩·卡斯普里斯克

1. 不要移动你的球：除非你在推杆果岭上，否则在任何情况下都不要移动你的球。按照球的现有位置击球，除非它受到障碍物（人造物体）、待修复区域或临时积水的干扰。如果你不确定这些东西是什么，完全可以询问球场的首席教练或有经验的高尔夫球手。在推杆果岭上，在拿起球之前你必须标记球的位置，通常用硬币或一个小球标。

2. 坚持打自己的球：如果你看到一个不是你自己的球，你可能会想："嘿，免费的球！"但你应该做的是别管它。信不信由你，你不是球场上唯一一个把球打到非预期位置的高尔夫球手，所以这可能是另一位球员在另一个洞打出的球。

3.（大多数情况下）从另一个球洞区域击球是可以的：如果你的球落在了另一个球道，只要该球道没有被指定为界外（白色的桩或线），你就可以按照球的现有位置击球。如果你没有看到白色的桩或线，你可以将球打回你正在打的球洞。不要干扰在那个特定球洞打球的球员。让他们先打，除非他们允许你先打。如果你的球在界外标记之外，罚一杆，并从你刚刚击球的位置再打一杆。

4. 找球时间仅限五分钟：如果你击球后五分钟内找不到球，罚一杆，并从尽可能接近你上一次击球的位置再打一杆。这可能需要你抛球。如果是这样，在该区域将手举至膝盖高度，直接抛球，然后从那里击球。

5. 在高尔夫球场内击球：如果你击球出界（白色的桩或线），你必须从尽可能接近你刚刚击球的位置重新击球，并在你的分数上加罚一杆。例如，如果你开球出界，罚一杆，并从发球台再次打第三杆。如果你的球在沙坑中，在击球之前你不能将球杆触地。如果你这样做了，罚一杆。

## 关于球杆你需要知道的事

**《高尔夫文摘》设备编辑迈克·斯塔胡拉**

1. 你只需要几根球杆：你的球包允许携带多达 14 根球杆，但在刚开始学习时，你几乎不需要那么多。相反，从一号木、推杆和沙坑杆（这是杆底有 S 标记或杆面角度为 54 至 56 度的球杆）开始，再用 6 号铁杆、8 号铁杆、劈起杆以及杆面角度为 18 至 21 度的球道木杆或铁木杆作为补充。这些是最宽容且最容易将球击到空中的球杆。你在网上能找到价格低至 75 美元的二手和新的钛合金一号木，推杆的价格则更低。但大多数较大型的高尔夫用品店和综合体育用品店也会提供打折或二手球杆的货架。

2. 不要猜测——购买前先试用：如果你是一个完全的初学者想要购买球杆，去一家较大的高尔夫商店或练习场，要求试用带有常规硬度杆身和S硬度杆身的6号铁杆。（一般来说，你的挥杆速度越快、越有力，你就越会倾向于标有S表示硬的杆身。）这两种中的一种应该感觉更容易控制。这就是你所有球杆应该开始选用的杆身硬度。一旦你认真对待这项运动并且能够持续稳定地击球，球杆定制将使你充分发挥装备的优势。

3. 杆面角度越大越好：除非你是一位强壮且协调性良好、有棒球类运动（例如棒球、垒球、曲棍球或网球）经验的运动员，否则选择杆面角度更大的木杆。为什么呢？额外的杆面角度通常意味着更容易将球击到空中，并且还可以减少侧旋，使击球飞得更直。选择至少有10度杆面角度的一号木和从17度而不是15度开始的球道木杆。

4. 利用为初学者制作的球杆：某些类型的球杆比其他球杆更容易击球。一方面，使用铁木杆而不是3号、4号和5号铁杆会更好。带有更宽底部（铁杆的底部）的铁杆会减轻当你击球太靠球的后方时球杆卡在地面的趋势。此外，由于更多的重量集中在底部，铁杆的重心会更低，这将有助于击球以更高的轨迹起飞。通常来说，更具容错性的铁杆的底部（从前缘到后缘）宽度大约为两个手指的宽度。如果一个铁杆的底部宽度小于一个手指的宽度，除非有人付钱让你使用，否则你不应该用它。

5. 选择合适的球：根据你一轮中丢失球的数量来按比例购买球。如果你之前从未打过球或者一轮中丢失两条球（3个为一条）或更多，购买大约20美元一打（12个）的球（如果你在两个品牌之间无法决定，试着打几个，看看它们从推杆面上的感觉）。当你将丢失的球数量减少到一轮大概三到五个球时，购买价格低于30美元一打的球。只有当你一轮中丢失的球少于一条时，你才应该考虑40美元一打的球。

## 如何着装

**《高尔夫文摘》时尚编辑马蒂·哈克尔**

学习如何打球可能是成为高尔夫球手最重要的部分，但了解穿什么也不容忽视。你的着装很重要，原因有多种：因为大多数高尔夫球场都执行某种着装规范（有些比其他的更严格）；因为你将在户外至少待四个小时；而且坦率地说，谁不想看起来精神利落呢？考虑到这一点，我们提供五个要点，以确保你在球场上的穿着得体。

1. 挑选合适的有领衬衫：大多数球场，即使是公共球场，都要求男士穿有领的球衫（女士则更常被允许不穿有领上衣打球）。有领衬衫主要有两种类型：棉质的和由更多科技面料制成的。如果你穿传统剪裁的棉质球衫感觉更舒适，那就选择棉质的。但如果高尔夫球场上天气炎热，由阿迪达斯、耐克和卡拉威等品牌制造的由科技面料制成的有领衬衫，会通过吸走皮肤的湿气来帮助你保持干爽。

2. 坚持穿卡其裤：毫无疑问，这是打球时最舒适的裤子，特别是因为卡其面料现在的透气性比以往任何时候都好。你找不到不允许穿卡其裤的高尔夫球场。除了少数传统的私人俱乐部外，大多数球场现在也允许穿短裤，不过有些球场对工装短裤持不确定态度。至于牛仔裤，最好把它们留在家里。即使球场允许穿，它们对于打高尔夫来说也不舒服。

3. 为各种天气状况做好准备：如果一切顺利，你不会整轮都在树底下把球打出来，所以保护自己免受阳光照射很重要。一顶基本的棒球帽永远不会出错，当你为打高尔夫购买太阳镜时，要确保镜片能阻挡UVA和UVB射线，并且能环绕你的眼睛提供全面的覆盖。当然，高尔夫在各种天气条件下都能进行。在潮湿的情况下，你需要一件好的雨衣，而且你应该始终携带一条干毛巾来保持你握把干燥。

PING

4. 一开始穿运动鞋，而非高尔夫鞋：在你真正认真对待这项运动之前，先别急着购买高尔夫鞋。坚持穿运动鞋，这样你在球场内外都能使用。由于你会希望尽可能与地面保持水平，所以确保你不要穿跑鞋，因为跑鞋在你的脚后跟处有太多的缓冲垫。

5. 涂抹防晒霜：这是所有高尔夫球手的必备物品。你需要在开球前 30 分钟涂抹防晒霜，并且在转场时再次涂抹，因为防晒霜的防晒因子在几个小时后会失效。寻找至少防晒指数（SPF）为 30 的防晒霜。另外，在打球过程中补涂时可以尝试喷雾型防晒霜，因为这样涂抹不会让你的手变滑，并且别忘了使用带有 SPF 的唇膏。

## 当你准备好去高尔夫球场时

### 《高尔夫文摘》资深编辑皮特 · 芬奇和马特 · 吉拉尼

所以现在你已经有了一些球杆，并且已经了解了高尔夫规则和礼仪的基本知识，你正考虑在一个真正的高尔夫球场上检验自己。很好，但这并不意味着你应该直接走上职业选手打球的那种球场。如果你想确保你早期在高尔夫球场上的经历是积极的，最好了解自己的局限性，然后逐步提升自己。以下是需要牢记的内容。

1. 从小处开始：高尔夫本来就很难，如果到达果岭需要八杆那就更难了。在尝试 18 洞的锦标赛球场之前，先从三杆洞或“行政”球场开始。在三杆洞球场，所有的球洞都是三杆洞——也就是说，通常少于 200 码。行政球场通常有多个三杆洞，并且它们的四杆洞和五杆洞比你在锦标赛球场上见到的要短。给自己一些时间在这里适应，然后再迎接更大的挑战。

2. 打三个洞：在某种程度上，高尔夫本身算是一种耐力运动，你需要逐步提升自己，直到能够打 18 个洞。可以考虑在下午晚些时候球场不那么拥挤且收费更便宜的时候，先打九洞球场中的三个洞。球场可能不收取三个洞的费用，所以就打到你开始感到沮丧为止，然后改天再来。

3. 选择合适的球场：不要从贝斯佩奇黑球场开始，或者任何在你到达第一个果岭之前就会让你感到气馁的球场。一个适合初学者的好球场是平坦的、短的，并且没有很多障碍或必须跨越的区域——也就是说，没有你必须越过才能到达球道的废地或障碍区。以后会有很多时间在更难的布局上考验自己，但现在，给自己一个机会积累一些积极的动力。

4. 逐步提升：忘掉自负，随意从靠前的发球台开球。在 5500 码或更短的距离打球场会节省你的时间、减少挫折感并节省高尔夫球。而且你会有好的同伴：全国范围内都在推动各个水平的休闲高尔夫球手从更短的距离打球场。

5. 保持打球速度：大多数高尔夫球场要求你在 4 个半小时内打完 18 个洞，但你可以做得更好。保持良好速度的一种方法是限制自己每个洞的击球次数。（我们建议每个洞最多击球 7 次。）作为一名初学者，如果你拖慢了打球伙伴的进度，拿起球继续前进并没有错。

## 热身目标：扎实击球
**大卫·利百特**

在 70 年代末的一场英国 PGA 锦标赛的练习场，我问吉恩·利特勒在他出去比赛之前会练习什么。他告诉我他唯一的目标就是把球击在球杆面的中心。偏离路线的击球只要打得扎实他就不担心，因为他总是能够调整以保证准确性。击球失误对他来说更令人担忧。利特勒的挥杆节奏堪称传奇，这可能源于他想要扎实击球的愿望。专注于扎实的触球；这会让你度过美好的一天。

## 下场要比练习多
**约翰尼·米勒**

1961 年，在我刚满 14 岁后不久，我成为了旧金山奥林匹克俱乐部的第一位青少年会员（父亲不是会员）。日复一日地在奥林匹克俱乐部打球，使我成为了后来出色的铁杆击球手。在奥林匹克俱乐部，似乎从来没有平坦的球位。你需要击出很多别扭的球，比如在球高于双脚的情况下打一记右曲球。你无法在练习场台上练习这样的击球，这就是为什么我总是打球多于练习。我在奥林匹克俱乐部学到的很多东西都违背了传统的教学。例如，在球位于你下方的侧坡球位时，趋势是直直地向左飞出去——而不是像大多数教练说的那样右曲球——因为你伸直右臂去击球，然后从上往下挥杆。不要成为那种练习场的超级明星：那些在练习场能把铁杆打得很好，但在球场上表现却一般的球员。出去多打球。

## 接受你的打球风格
贾斯汀·莱纳德

并非每个人都能在发球台上大力击球、随心所欲地打出高小左曲球以及控制挖起杆的旋转。所以，要发挥出适合自己的打法。举个例子：在火石高尔夫球场的第16洞，也就是我们举行世界高尔夫锦标赛的地方，这是我们面对的最长的五杆洞之一，长度超过650码。这对我来说显然是要选择过渡一杆，而且是比较棘手的过渡，因为第二杆是朝着下坡区域击球，而且那个区域本身也是下坡。去年夏天的第一轮，我过渡一杆打到了大约100码的位置。第二天，我再次过渡一杆，还注意到了前一天击球留下的草皮痕——就在三英尺远的地方。我这两次过渡一杆都打得很准：它们让我在第三杆时有了一个相当平坦的球位。尽管我不会执意给自己留下一个特定喜欢的击球距离，但将球过渡一杆打到你喜欢的挖起杆击球距离，这是一种你可以超越其他球员的方法。学会在你的过渡击球区域找出地标，比如树木、沙坑，当然还有距离标记。如果你有GPS设备，在过渡击球时使用它。

## 永远不要用超过80%的力量挥杆
尼克·法尔多

我的第一位老师伊恩·康纳利给我上了一堂令我永生难忘的课。他让我全力击打六次7号铁杆。然后又让我极其轻松地击打六次7号铁杆，以至于球只飞了100码。接着他让我每次以10码为增量增加击球距离，每次击球六次。在我意识到之前，我用7号铁杆击球已经达到了最初全力挥杆的距离，但几乎没费什么力气。这证明了良好的节奏，而非纯粹的力量，才是让球飞得远且直的关键。

## 我对比赛的建议
迈克尔·乔丹

1. 专注于小事：我总是告诉自己要专注于小事，因为小事积累起来就会变成大事。我把推杆和罚球相提并论，而我在罚球方面最大的心理挑战是在1986年，当时我在花园球馆对阵波士顿的比赛中得到了63分。我必须罚中两个罚球才能将比赛拖入加时赛，而我所专注的只有最基本的东西——我不会投短。我要伸展身体，够向篮筐。高尔夫也没什么不同。比如，不要想当然地认为任何推杆都能进。要确保你每次三英尺的推杆都坚定有力。

2. 要对自己能做到的事有信心：如果你百分之百地相信自己能成功打出一击，大多数时候你都能做到。

3. 不要想着奖励，要想着工作：准备、练习并完善它。做好工作，奖励自然会来。

4. 保持简单：篮球和高尔夫之间有很多关联，尤其是在心理方面。每当我参加重大比赛时，我都会努力坚持去做我知道自己有能力做的事情。在高尔夫中我也是如此。保持简单在压力情况下尤其有效。

5. 在一轮比赛结束前控制好自己的情绪：在一轮球赛中庆祝如果能激励你继续出色发挥，那可能是件好事。但要注意别过头。有时，过度庆祝会增加压力，让你觉得在这一轮剩下的时间里都必须保持这样的出色表现。更糟的是，你的庆祝可能会激发对手的斗志。

6. 紧张并非坏事：在比赛前我很多次都会感到紧张。关键在于，一旦球被抛起，由于你的准备和日常训练，这种紧张感是否会消失？比赛一开始，我就会回到自己的常规状态。如果你为高尔夫比赛做了充分准备，它也会是同样的情况。是的，在第一洞发球台你可能会紧张，但只要打出一记好球，这种紧张感就会消失。

## 如何选择合适的发球台

**《高尔夫文摘》编辑**

如果你是第一次在某个球场打球，不确定要从哪个发球台开球，那请帮自己一个忙，别管计分卡右侧的码数。哥伦比亚大学教授卢修斯·里乔表示，要查看坡度难度值。自 1979 年以来一直在美国高尔夫协会差点研究团队任职的里乔说，距离不是决定因素——难度才是。例如，一个击球有力但差点为 20 的球手，如果选择坡度难度值高于 135 的发球台，会被打得很惨。按照上面的图表来确定你的发球台。注意：如果你打得很吃力，或者不知道自己的差点是多少，那就一直往前面的发球台移动，直到打球变得有趣为止。

## 如何避免关键时刻掉链子

**约翰尼·米勒**

严重的“关键时刻掉链子”——极度的怯场——不一定会在第一洞发球台就出现。通常球员虽然紧张，但还是能想办法在前一两个洞把球打好。然后，不知怎的，他打出了糟糕的一杆——将短切球打过果岭 40 码，将球打到观众区，或者在果岭边的长草区连续切球失误。这就像炸弹爆炸一样。他深感尴尬，完全崩溃，随后一系列的灾难接踵而至。业余选手可以通过明智的球场管理来拆除这颗炸弹，不要尝试打自己没把握的球。如果他能在自身能力范围内打球，并找到某种节奏，就能防止自己的神经系统“爆炸”。

## 忽略不请自来的挥杆建议
### 鲍勃·罗特拉博士

不久前，我在和一个处于困难期的球员合作。但几次出色的收尾让他感觉好多了。在下一场比赛中，他在第一轮就打出了八个小鸟球。现在他感觉非常好。他在推杆练习果岭旁停下来打了几杆，一个他认识的球员走过来对他说："我不知道你推杆的动作怎么变成这样了，但这可不是你以前的姿势。"几分钟后，另一个球员走过来："你的眼睛不像以前那样在球上方了。"现在，我的这位朋友不知道该怎么想了。他从看啥都能进，变成了第二天一塌糊涂。

你会有很多好心的朋友想要给你建议。不要接受。事实上，在他们开口之前就阻止他们。当你在球场上时，他们的评论会悄悄进入你的脑海。如果你一直在练习，就坚持你的计划并保持自信。

## 如果你总是打相克球，现在就寻求帮助

吉姆·麦克莱恩

打相克球是所有击球中最糟糕的，因为它会在你的心理上瞬间留下不可磨灭的印记。再次打相克的恐惧如此之大，以至于许多高尔夫球手都无法诊断出问题所在。我的建议是：别试图自己去弄明白，马上找一位教练。

20 世纪 90 年代初，当我在纽约的睡谷乡村俱乐部担任首席教练时，有一位会员几乎每次击球都会打相克。他会拿一篮子球去练习场，一整篮球都打相克，然后就回家。我从未见过如此沮丧的高尔夫球手。在我的一再劝说下，他让我给他上课。我给他上了六节课，从果岭附近开始教起。

打相克有四种方式。他的那种是很难看的从上往下的挥杆弧线，杆面打开。我告诉他从始至终都要让肘部贴着肋骨，这样他的手臂就不会从身体飘得太远，以至于杆颈碰到球。他每次挥杆都这么做，就治好了他打相克的毛病。

## 如何为你的第一场比赛做准备

马克斯·阿德勒，《高尔夫文摘》杂志撰稿人

| 如果你的差点是…… | 正确的坡度是…… |
|---|---|
| + | 146 |
| 0－5 | 140－145 |
| 6－10 | 135－139 |
| 11－15 | 130－134 |
| 16－20 | 125－129 |
| 21－25 | 120－124 |
| 26－30 | 115－119 |
| 31－36 | 110－114 |
| 37+ | 109 或更少 |

传奇业余高尔夫球手鲍比·琼斯曾说：“先有高尔夫，然后才有高尔夫锦标赛，两者毫无相似之处。”如果你是第一次报名参加有组织的高尔夫赛事或郊游活动，别被这些话吓到。琼斯的意思是，在关键时刻击球的体验远比和好友随便打打要丰富得多。感到心里紧张，双手颤抖也是一种乐趣。即使你的成绩惨不忍睹，以下五点也能

帮助你看起来像是以前参加过高尔夫锦标赛。

1. 了解比赛形式：就像飞镖和台球一样，高尔夫赛事有很多不同的计分方式。虽然以最少的击球次数将球打进洞的目标始终不变，但了解你所在小组这一轮的计分方式将有助于你最大程度地优化策略并节省时间。对于参与者水平参差不齐的赛事，最常见的形式是四人最佳球位赛和最佳成绩。由于团队形式旨在鼓励积极进攻，你经常会遇到只需一推进洞即可（所以不要推杆过短）的情况，或者在几次击球不佳后，你在某一洞的得分可能不计入成绩，在这种情况下你应该捡起球。如有疑问，请向你所在小组的计分员询问如何进行。

2. 使用合适的装备：除了球杆，参加比赛的两个必备物品是一支记号笔和一枚硬币。用记号笔在你的球上画独特的点或线。仅仅知道你所使用球的品牌和号码（如 Titleist 1、Callaway 2 等）不足以可靠地区分你的球与其他参赛者的球。准备一个带有稍有不同标记的球，以防你需要打暂定球。你将使用硬币或塑料球标在果岭上标记你的球。不能用球座来标记。高尔夫球手在标记球时是很挑剔的。要知道，如果你在放回球时不够仔细，这就表明你要么是新手，要么是作弊者。

3. 捡球时要告知：如果你连续击球失误或两次将球击出界外，把球捡起并不可耻。事实上，你的球友会赞赏你为保持比赛节奏所做的努力。然而，如果不明确告知你的意图，就会造成尴尬的局面。你的球友会不确定他们是应该等待、帮你找球还是继续打球。

4. 保持幽默感：这可能是参加高尔夫郊游活动中最关键的要素。享受击球带来的压力和挑战，这些击球成绩是为了争取奖项，但要记住，这些都是休闲活动，没人在意你打得不好。因为你不是每天练习的职业高尔夫球手，别人对你唯一的期望就是你能带来愉快的陪伴。生闷气和咒骂是不可接受的，如果你是新手高尔夫球手，那就更荒唐了。

5. 永远不要在比赛前一天上课：获胜很有趣，在关键时刻想要发挥出最佳水平是很自然的。然而，要抵制在比赛前一天上课或以其他方式修改挥杆动作的诱惑。“我会早点到球场，在练习场找到挥杆的感觉”，这是一句众人皆知的有名的临终遗言。高尔夫挥杆动作需要时间来稳定，如果你在试图同时应对参加比赛的经历时，脑海中有很多新想法，那么几乎可以肯定你会打得很糟糕。用你熟悉的方式去打。

## 为胜利而战，而非为杆数而战

**亨特·马汉**

在南加州，作为一名青少年高尔夫球手，我有两个目标：打败我爸爸，以及打出标准杆以下的成绩。但在每一轮接近结束时总会发生一些事情，让我无法实现这两个目标。然后，在我 12 岁生日那天，我爸爸带我去了阿尔塔维斯塔乡村俱乐部。我当时打得很好，随着比赛的进行，我想要打败我爸爸的欲望变得如此强烈，以至于我忘记了自己的杆数。那天我确实打败了他，但直到我们走进屋里我才注意到我打出了 71 杆——低于标准杆一杆。如果你正在努力突破得分障碍，那么同时设定第二个目标。

## 不要独自前行

**布奇·哈蒙**

教练中有这样一种说法："感觉和实际从来都不是一回事。"换句话说，你认为自己挥杆的方式和实际的挥杆方式有很大不同。你得去找一位 PGA 职业选手来帮助你进行准确的诊断，并为你确定正确的改变方法。而且不要只上一两次课。你需要职业教练的眼睛来检查你的姿势，因为你看不到自己挥杆的样子——而且你也不可能把每次细微的变化都录下来。我不知道有哪个现代巡回赛球员是靠自己做出重大挥杆改变的，所以对于普通球员来说，独自尝试可能弊大于利。

图书在版编目（CIP）数据

《高尔夫文摘》教你来打高尔夫 / （美）罗恩·卡斯普里斯克，美国《高尔夫文摘》编辑团队著 ；周芷盈，冯卓远译. -- 天津 ：天津大学出版社，2025. 3.
ISBN 978-7-5618-7857-6

Ⅰ. G849.3

中国国家版本馆CIP数据核字第2024K9W147号

| | |
|---|---|
| 出版发行 | 天津大学出版社 |
| 地　　址 | 天津市卫津路92号天津大学内（邮编：300072） |
| 电　　话 | 发行部：022-27403647 |
| 网　　址 | www.tjupress.com.cn |
| 印　　刷 | 北京盛通印刷股份有限公司 |
| 经　　销 | 全国各地新华书店 |
| 开　　本 | 880mm×1230mm　1/16 |
| 印　　张 | 20 |
| 字　　数 | 403千 |
| 版　　次 | 2025年3月第1版 |
| 印　　次 | 2025年3月第1次 |
| 定　　价 | 168.00元 |